讓自己更快樂的情緒課

TAKAI YUKO
高井祐子——著
涂紋凰——譯

認知行動療法で「なりたい自分」になる:
スッキリマインドのためのセルフケアワーク

**用認知行為療法更認識自己,
擺脫恐慌、憂鬱、社交恐懼症和強迫症,
讓心靈清爽愉快的自我練習**

高寶書版集團

前言 給「想要改變」的你

首先，謝謝你選擇這本書。

因為一點小事就沮喪、煩躁，總是看別人臉色，或者心中覺得不安或緊張導致無法行動……「我好想改變這樣的自己。」你有這種想法嗎？應該會有人覺得，雖然經常聽到「只要改變想法就好了」這種話，但是根本不知道該怎麼改變想法啊！我想把一個好方法分享給有這種煩惱的你，那就是「認知行為治療法」。

「我根本沒聽過什麼認知行為治療法，那到底是什麼？」

如果你因為這樣對認知行為治療法產生興趣，那我會非常開心。

認知行為治療法就是「**透過改變想法，減輕抑鬱或不安的方法**」。

想法改變之後，心情會隨之改變。想法改變之後，行為也會改變。只要實踐認知行為治療的方法，**你就能變成和過去完全不同的自己**。

咦，感覺自己一個人好像很難執行？

沒問題、沒問題。我會和你一起，仔細說明給你聽。

請你放心。

既然你都說「想改變」了，那就打鐵趁熱。只要是和認知行為治療相關的事情，我都很願意跟你分享。

認為「認知行為治療法好難懂」、「以前試過認知行為治療法但進行得不順利，應該不適合我」的你，這本書會提供認知行為治療法的小秘訣。

我在神戶心理治療中心從事認知行為治療將近二十年。持續從事認知行為的臨床治療的期間，慢慢了解幾個「大家容易受挫的重點」。

心理師能不能在患者受挫的時候陪伴、幫助患者呢？無論是誰，在受挫的時候都會變得沮膽怯、想要放棄，對吧？

大家在第一次接觸的時候，都會充滿不安。尤其是認知行為治療法是必須挑戰自己不擅長的事，尋找自己思考習慣的方法，所以需要一個引導員在身邊告訴你「這樣也沒關係喔」。

因此，本書會更仔細地針對各位容易覺得「好困難」的部分說明。

以前認為「認知行為治療法不適合自己」的人，如果能在閱讀本書後，覺得「我應該也能實踐認知行為治療法！」那我會非常開心。

本書需要讀者參與填寫。請大家直接透過書寫，發掘自己的思考習慣。

請讓我幫助你「成為自己想要的樣子」。

我會像你平常實踐心理療法的時候一樣，持續和你對話。

那我們就一起來試試看吧！

目錄
CONTENTS

第1章

基本知識篇

了解認知行為治療法

認知行為治療法就是「變成自己想要的樣子」

首先我想問問，你為什麼會想嘗試認知行為治療法呢？
現在有碰到什麼傷腦筋或者煩惱的事情嗎？

「我討厭自己。」
「我很容易沮喪。」
「好想消失。」
「我覺得喘不過氣，整個人很不安。」
「一見到人就緊張。」
「無法控制自己的憤怒。」

「很容易和伴侶吵架。」
「不擅長與人交際。」
「很在意別人的眼光。」

這樣啊，有很多種情況呢。

從現在起，我會慢慢告訴你，該怎麼應用認知行為治療法改變你的想法或者看待事物的方式。

認知行為治療法是一種透過改變思考方式來改變心情的治療方法。為了改善不安或沮喪的情緒，你必須先了解自己現在的思考方式、會在什麼場合產生什麼反應或者採取什麼行為。這一點非常重要。

還有另外一件事。

你想要變成什麼樣子？你能夠想像「夢想中的自己」到什麼程度？

現在的你或許非常痛苦，一心想要變得輕鬆，但卻不知道該以什麼為目標前進。

正因為如此，在實踐認知行為治療法的時候，具體設想以後想要成為什麼樣的自己？要把目標設在哪裡？這一點非常重要。

「呃……反正也不會實現啊。」

你可能會這麼想。剛開始沒有自信也沒關係，我們一起試試看吧。

試試看

請試著把你現在的煩惱或者困擾寫下來吧。

你想成為什麼樣的人呢？請具體寫出「自己想要的樣子」。

怎麼樣？都寫好了嗎？

認知行為治療法的基礎就要從客觀的角度看待自己。

因此，接下來會有很多需要書寫的部分喔。剛開始你可能會覺得「啊，好麻煩喔」，但還是請你跟著我一起寫寫看。

實際寫出來之後，有沒有發現像這樣子用文字寫出來，和平常只是在腦中想有點不同呢？

你或許會發現：「啊，原來自己是這樣想啊！」

盡量具體地寫出來

你剛才針對「自己想要的樣子」是怎麼寫的呢？

在臨床上詢問患者「你想要變成什麼樣人」的時候，經常會聽到「我想變成普通人」這種回答。有很多人會這樣寫。那你呢？

「普通」究竟是什麼意思呢？你認為什麼狀態才是普通呢？

譬如說，早上起床去上學或上班，晚上可以睡得很熟。這樣就算普通嗎？真的是如此嗎？

還是說，能夠清楚表達自我意見，也能輕鬆享受和朋友聊天的樂趣才是普通？

我想每個人對「普通」的定義都不一樣。你所謂的普通可能只是自己覺得「普通應該是這樣」，對別人來說一點也不普通，甚至有可能相反。

因此，如果你在「自己想要的樣子」這一欄填寫想變成普通人，那請你告訴我，對你來說，什麼狀態才是普通？請你盡量具體地寫出來。譬如說：

「不迷惘也不看別人臉色，對自己的決定有自信。」

「不早起也沒關係，但是盡量在中午前起床，每天早中晚按時吃三餐。」

「不要老是想著『怎麼辦？沒問題吧？』可以安心地搭乘交通工具，去任何想去的地方。」

「喜歡自己。」

「在別人面前毫不緊張，大大方方地說話。」

「不要因為一點小事就煩躁，平靜地和家人或伴侶相處。」

沒錯。就是這種感覺。你已經寫了很多對吧。

在認知行為治療法中，一開始需要做好「**議題設定**」，也就是確認現在的困擾和今後的目標。

因為明確了解你要針對什麼主題自我對話、針對什麼事情有什麼困擾、目標為何、想成為什麼樣的人非常重要。

因為你就是主角。我只是擔任引導員的角色而已。

你應該大概可以了解一開始就要書寫的意義了吧？

簡而言之，了解自己現在的困擾，還有接下來「想成為什麼樣的人」非常重要。這就是認知行為治療法的第一步。

明白這一點之後，請再次回到要填寫的那一頁（14頁），回顧現在的自己，把內容寫得更具體一點。

你現在的煩惱、困擾是什麼呢？你想成為什麼樣的人呢？

試試看-填寫範例

請試著把你的煩惱或者困擾寫下來吧。

・提不起勁，早上起不來。
・覺得自己就算活著也沒什麼用。
・沒辦法搭地鐵，很難出門。

你想成為什麼樣的人呢？請具體寫出「自己想要的樣子」。

・我想要早上就起床，早中晚按時吃三餐。
・我想要擁有一個能當作避風港的空間。
・我想稀鬆平常地出門。
・我想隨意搭上電車或巴士、新幹線，不用事先訂好目的地，想去哪裡就去哪裡。

你的情緒從何而來？

「啊，真是幸福到不行耶。」
「嗚……好寂寞……」
「啊……怎麼辦，好不安。」
「呃，他是想怎樣啊，真氣人耶。」

你的內心有許多變化。
有時哭泣，有時大笑，有時大怒。
有時鬧彆扭，有時陷入不安，真的很忙碌。

我們人類就是擁有許多情緒的生物。悲喜悔恨，擁有諸多情感一點也不奇怪。這

樣反而是很自然、理所應當的現象。

因此，請不要覺得：「我不能生氣」、「我不能悲傷」。

因為內心有情緒是很自然的事情。你可以生氣，也可以悲傷，畢竟你是人類啊。

不過，當你隨時隨地都抱著痛苦的情緒，自己就會變得越來越苦。

如果一直覺得不安，就會覺得痛苦；如果一直無法擺脫悲傷的情緒，也會很辛苦。如果可以話，你也希望能夠過著平靜、快樂的生活，對吧？

認知行為治療法的**目的並非「抹除情緒」，而是「控制情緒」**。

我希望你能應用認知行為治療法，控制讓自己陷入痛苦的情緒。

這裡我要問你一個問題。你的情緒究竟從何而來？

讓你覺得心煩意亂的人，到底是誰呢？到底是什麼讓你感到不安呢？

請告訴我，你最近有哪些情緒。

試試看

請回想你最近感到不愉快的一件事，然後寫下來。

你那個時候的心情如何？

接著，我們就來仔細看看你寫完的「事件」和「情緒」吧。你想起什麼事情呢？

以前曾經有一位媽媽（M小姐）為帶孩子的問題煩惱，所以來諮商。這位小姐有一個滿三歲的兒子。

M小姐有時候會因為焦躁而對小孩格外嚴厲，這就是她的煩惱。我仔細為她諮商過後，詳細介紹了認知行為治療法。然後請她在眾多煩躁的場面中選出一個。

她選擇的是這個場景：

那是M小姐帶著孩子出門時發生的事。她事先查詢了電車和巴士的時刻表，也準備好要帶出門的東西，出門前還叮嚀孩子先去上廁所。結果，孩子在最後一刻脫口說出「我想尿尿」，所以讓她覺得很煩躁。

我請她針對當時的狀況，把「事件」和「情緒」寫下來。

我越聽越能感受到她當時焦躁的模樣。

M小姐範例

事件	時間很緊迫，趕著要搭車的時候，孩子偏偏說「想尿尿」。
情緒	我覺得很煩躁。

你讀了這個故事之後，覺得怎麼樣呢？

她認為自己是因為孩子在時間緊迫的時候喊著「要尿尿」，所以才會感到煩躁。她也因此嚴厲責罵孩子。

我再舉另一個例子吧。

這次是一位駕駛汽車的男性（A先生）。A先生經常在開車的時候感到煩躁，甚至出現逼車、打開車窗怒吼等行為。因為想改善易怒體質，所以開始接觸認知行為治療法。

我請他從眾多焦躁的情境中選出一個例子：

某天，他和朋友有約，車開上高速公路的之後卻開始塞車。約定的時間漸漸逼近，但車陣只是緩緩前進，完全沒有變得通暢。A先生變得越來越煩躁。雖然他已經告訴朋友自己會遲到，但是焦躁感還是沒有消失。

我請他針對當時的狀況，把「事件」和「情緒」寫下來。

A先生範例

事件
在時間緊迫、很著急的時候，卻陷入塞車的車陣中。

情緒
我覺得很焦躁。

那麼這個時候，讓他感到焦躁的究竟是什麼呢？
是停在路肩那輛故障車的駕駛人嗎？
是車陣前方開得很慢的那輛車嗎？
還是限制車道進行道路施工的建設公司員工呢？
不對不對，都不是。
其實，這些情緒都是自己創造出來的。

我們先回顧剛開始提到的那位女性吧。我問M小姐：

「當妳覺得焦躁的時候，是不是在心中自言自語呢？」

譬如說：

「我都已經確認過好幾次『要不要去上廁所』了，為什麼那個時候說『不要』，偏偏挑在趕著上車的時候說要去尿尿啊！」

「聽我的話，趁有時間的時候先去上廁所不是很好嗎？為什麼都不聽話啊！」

我對第二位男性（A先生）也問了一樣的問題：

「當你覺得煩躁的時候，是不是在心裡浮現過這種想法？」

譬如說：

「為什麼偏偏選在這種時候塞車啊！」

「我很急耶。如果有人用龜速開車，我絕對饒不了他。」

結果，兩位都告訴我，他們的確在心裡這樣自言自語過。**像這樣瞬間浮現在腦中的想法，會讓人變得焦躁**。不是說「想尿尿」的孩子讓人煩躁，也不是造成塞車的故障車輛的錯。

我再舉一個別的例子吧。K先生只要到了晚上一個人獨處的時候，就會覺得很悲傷寂寞。

我整理了一下這位先生的狀況，內容大致如下：

K先生範例

事件
什麼都沒做，只是一個人待著。

情緒
覺得空虛、悲傷、寂寞。

此時，K先生悲傷的情緒，究竟從何而來呢？

這和剛才焦躁的情緒不一樣，在這個情況下沒有其他人。而且，明明什麼都沒發生，他還是感受到悲傷、空虛、寂寞。

那這個時候K先生的情緒究竟從何而來呢？

他自己一個人獨處的時候，突然冒出這種想法：

「以後我會變成什麼樣子呢？」

「為什麼沒有人懂我？」

「為什麼我這麼笨？」

「我做什麼都沒用。」

雖然沒有刻意去想，但是發呆的時候這些想法就會擅自浮現，結果不知不覺中，心裡就充滿空虛、悲傷、寂寞的情緒。

你有沒有類似的經驗呢？

雖然沒有刻意想，卻自動浮現在腦海中。這種思考稱為「自動思考」。因為會自動冒出來，所以就直接稱為「自動思考」。

你應該漸漸明白了吧？

「你的情緒從何而來？」

你已經知道答案了對吧。

沒錯，你的情緒來自你的思考方式。

你會覺得悲傷、憤怒，都不是對方的錯，也不是事件本身的錯。

請仔細回想，當時你在腦海中自言自語說了什麼。

那我們就再次回到你填寫的那一頁（21頁），回顧一下「事件」和「情緒」吧。

填寫範例

事件
時間緊迫、很著急的時候卻陷入塞車的車陣中。

情緒
焦躁不已。

事件
和朋友聊天的時候，朋友用嘲笑的語氣說：「然後呢？」

情緒
覺得悲傷、丟臉、憤怒。

嘗試將情緒數值化

在認知行為治療法的領域中，從客觀的角度確認自我情感非常重要。重視不受情緒的漩渦或浪濤影響，沉著、冷靜地確認自我情感。

因此，針對「非常憤怒」這種情緒，我們會以數值表示「非常」所指的憤怒程度有多強。

這就是所謂的情緒「數值化」。

請你先試著將「非常憤怒」的情緒數值化吧。

完全沒有問題、非常平靜的時候為0。

你現在感受到的憤怒，是0到100之間的幾分呢？

有可能是0到100，也有可能超過100。用數字將你的憤怒數值化之後，你感受到多強烈的憤怒呢？

假設你感受到的是「80分左右的憤怒」。此時的數值很主觀也無所謂，畢竟我們沒辦法驗證這個數值到底是不是80分。**情緒數值化用主觀的角度評斷就OK了。**

這次換成將「極度悲傷」數值化，結果會怎麼樣呢？請想像一下「自己很珍惜的東西壞掉了，我感到極度悲傷」這種狀況。每個人的表達方式不同，或許有些人會覺得這種悲傷「大概60分」，也有人會覺得「有90分」。

數值化的好處就是能夠更明確易懂地了解，對你來說「極度悲傷」的「極度」到底有多悲傷。

是「60分左右」還是「90分左右」？**回顧自己情緒的強度時，數值化可以幫助你更明確理解自己的情緒。**

除此之外，「原來如此，悲傷的程度是60分左右啊」、「原來是高達90分的強烈悲傷」等對話也能促進和心理師之間的共同理解。被問到「你的情緒落在0到100之間的哪個部分」時，請再度回顧當時的情緒，試著將情緒數值化吧。「60分嗎？應該再更強一點，大概90分左右吧。」這也會是你退一步冷靜觀察自我情緒的契機喔。

我認為這種情緒數值也可以使用負數表示。諮商的時候經常碰到對方說「我好想消失」、「做什麼事都提不起勁」，表達這種抑鬱的心情時，使用複數或許更貼切。

「昨天大概負50分。」

「今天還是很沮喪，但是比昨天好一點，所以大概是負30分。」

大概就是像這種感覺。

不只適用於抑鬱，不安或悲傷等情緒也可以用對自己來說最剛好的數值表達。

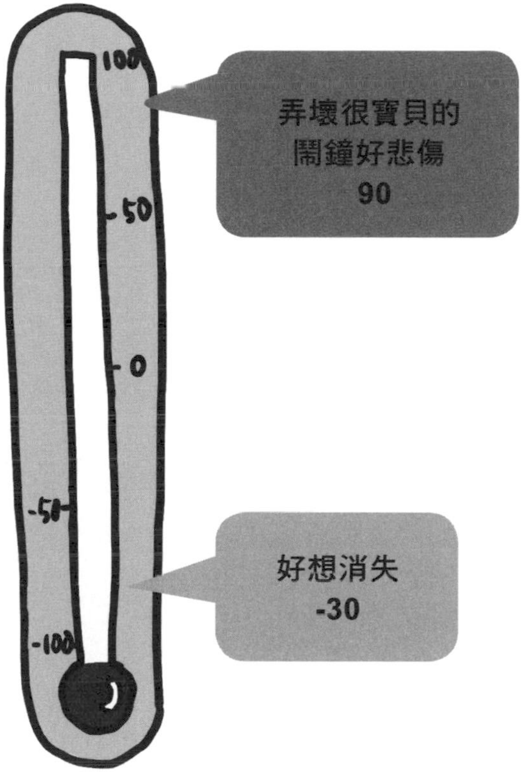
100
50
0
-50
-100
弄壞很寶貝的
鬧鐘好悲傷
90
好想消失
-30

心理狀況與身體之間的關係——認知模型的四大要素

你是否曾經親身體會過心理狀況和身體密切相關呢？

「頭好痛。」

「肚子好痛。」

「呼吸困難。」

「心臟怦怦跳。」

「一直冒汗。」

「臉變得好紅。」

「手變得冰冷。」

可能會有很多不同的情況。

那麼，你會在什麼時候感覺到身體的變化呢？

譬如說，你是否會在發表簡報前，明明還沒輪到自己，但是光是聽別人的簡報就心臟怦怦跳呢？

又或者一想到要和非常喜歡的人見面，甚至光是對到眼就心跳加速。

也有些人是發現交往對象外遇的證據時，心臟就像要跳出來一樣。

不安、緊張、興奮、喜悅、悲傷、憤怒……。

一樣都是「心臟怦怦跳」這個反應，但是當下的狀況和情緒每個人都不同。

緊張也會心臟怦怦跳，開心也會心臟怦怦跳，真的很不可思議對吧。

心理和身體到底是怎麼連結的呢？

解開這個謎團的關鍵，就在於自律神經系統的運作。

請看接下來這張圖。

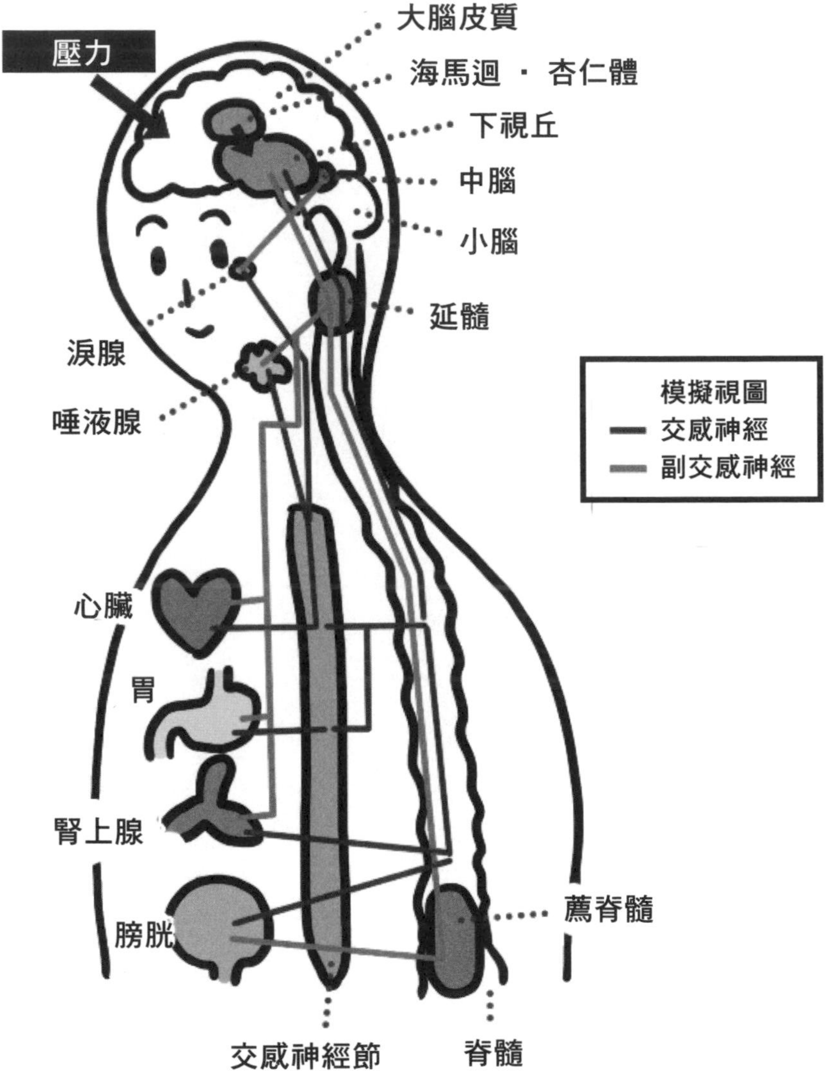
壓力
大腦皮質
海馬迴 · 杏仁體
下視丘
中腦
小腦
延髓
淚腺
唾液腺
模擬視圖
交感神經
副交感神經
心臟
胃
腎上腺
膀胱
薦脊髓
交感神經節
脊髓

自律神經系統掌管血液循環、呼吸、消化、發汗、調節體溫、內分泌功能、生殖、代謝等生理機能。

自律神經系統和我們的意志無關，會自行運作。就算你命令：「心臟給我停止跳動！」心臟也不會按照你的意思停止跳動。

你可以好幾天都不吃飯，但是無法「讓胃停止蠕動」。

像這種無法按照自我意志控制的機制，稱為不自主運動。

自律神經系統在我們沒有意識的狀態下，也會隨時掌控體內的環境。

為了在遠古時代生存下去，人類的交感神經系統就一直掌控著身體的必要機能。很久以前，我們的祖先活在會被猛瑪象追趕的時代。人類過著「非生即死」必須拚上性命才能生存的生活。

當有天敵出現時，如果沒有馬上決定「要逃走還是對戰」就會沒命，也就無法延續物種。

被猛獸襲擊的時候，如果呼吸緩慢，就會來不及逃走，甚至因此送命。

所以感受到危險的時候，需要立刻提升心跳數、繃緊肌肉、增加呼吸次數，為了和敵人戰鬥、保護自己做準備。

也就是說，這種狀態會讓交感神經系統佔據優勢。

反之，吃飯、休養的時候，腸胃的消化活動會變得活躍，肌肉鬆弛、呼吸也會變得緩慢，人會漸漸產生睡意。

這個時候，副交感神經系統就會佔據優勢。

我們的心理和身體之間的運作，就像這樣非常緊密的程度。

即便到了現在也一樣，當我們感到不安、緊張、憤怒，也就是處於危機狀態的時候，身體就會感覺到危險。也就是說，身體呈現一個和「不安」這種看不見的敵人對戰的狀態。

「啊，真討厭，要是失敗的話，在大家面前就會很丟臉。」

當你心中有這種想法的時候，交感神經系統就會像原始時代遇見猛瑪象一樣，判

定有壓力就等於「身體面臨危險」。

如此一來，交感神經系統為了在危險中保護自己而處於優勢，身體就會出現心臟怦怦跳、呼吸變得又淺又急、腋下開始出汗等反應。

那戀愛的時候會怎麼樣呢？和很喜歡的人眼神相對，胸口就像被揪住一樣難受。在約會前一天就開始心臟怦怦跳，坐立難安、腦中盤旋各種思緒，整個人都很浮躁。明明是很開心的事情，為什麼會呈現這種狀態呢？正在戀愛的時候，處於不了解對方的狀態。發現對方不為人知的一面時，心中小鹿亂撞，不知道對方喜不喜歡自己，都是一種不安和緊張的情緒。

戀愛會讓人心臟怦怦跳、一顆心七上八下，也就是處於緊張狀態。因此，交感神經會變得活躍，導致心臟怦怦挑、手心出汗的反應。順帶一提，當情侶持續交往，不安和緊張轉變成信賴和安心的時候，就會從交感神經優勢變成副交感神經優勢，心理狀態也會變得放鬆。這絕對不是情侶之間的愛減少喔。

在別人面前發表簡報、和喜歡的人對到眼、發現伴侶外遇的證據等情況雖然各有不同，但都會讓心臟怦怦跳……。

雖然不安、興奮、憤怒等情緒各有不同，但是共通點都是交感神經系統佔據優勢。因此，會出現心臟怦怦跳、喘不過氣等相同的身體反應。

請看下頁的這一張圖。

這張圖就是認知行為治療法的基礎——認知模型。

這張圖呈現了剛才提到的心理與身體之間的關係，以及認知與行為之間的關係。這是為了傳達認知行為治療法，必須建立的基礎思考方式。

我會舉出幾個例子，以便詳細說明。

我們在環境中生存，所以會受到環境的影響。

在這張圖上，最外側的大圓就表示家庭、學校、職場、地區等在各種環境中生活的狀態。

認知行為治療法的基礎——認知模型

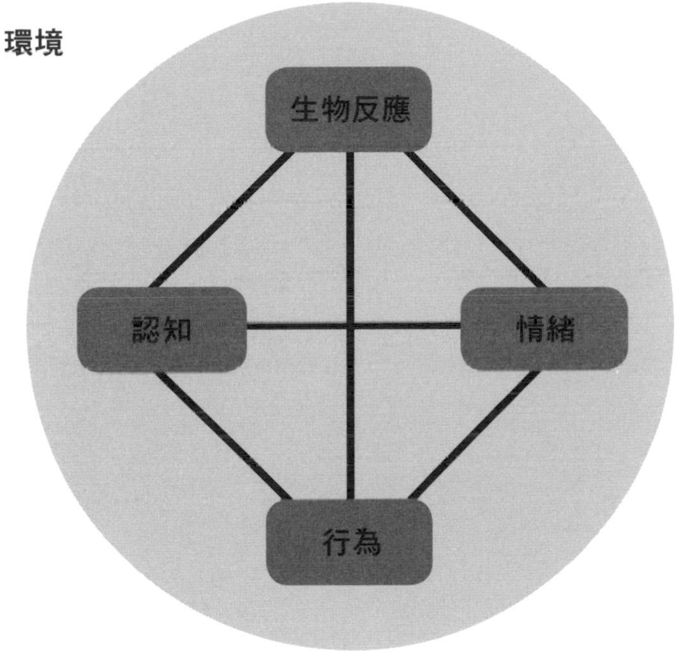

假設你要在別人面前發表簡報。

你可能會覺得緊張、心臟怦怦跳、手心冒汗，也可能會心想「不知道能不能順利發表」而感到不安，或是覺得「我流了這麼多汗，別人就會知道我很緊張。我覺得好丟臉喔」。

如此一來，你可能會開始肚子痛，關在廁所裡不出來。

我們把這種狀況分成「環境」、「生物反應」、「情緒」、「行為」、「認知」等類別，就能梳理出以下內容。

環境……在別人面前發表簡報
↓
情緒……緊張
↓
生物反應……心臟怦怦跳、手心冒汗
↓
認知……「不知道能不能順利發表」
↓
情緒……不安
↓
認知……「我流了這麼多汗，別人就會知道我很緊張」、「好丟臉喔」
↓
生物反應……肚子痛
↓
行為……待在廁所裡

認知行為治療法的基礎——認知模型

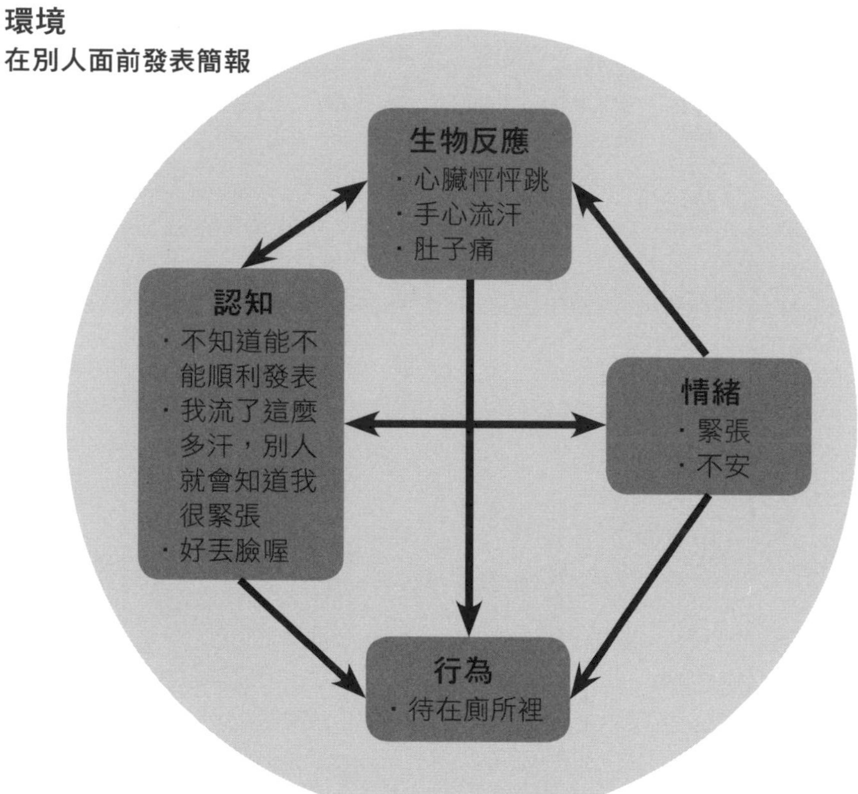

接著，我們把整理好的內容畫成圖，就會像右圖這樣。

仔細看，你有沒有發現「生物反應」、「情緒」、「行為」、「認知」四大要素之間有箭頭來來去去呢？

擷取一個場景就知道**「生物反應」、「情緒」、「行為」、「認知」四大要素對彼此都有影響**。

我們一緊張，就會試圖讓自己冷靜下來。

但是，這往往很難如願。反而還會讓人更加緊張。

我小時候參加音樂會或者運動會，如果登場前覺得很緊張，就會在手心寫一個「人」，然後大口把這個憑空寫出來的「人」字吞下去。「把人字吞下去」是我緊張的時候會用的小法術。但是，法術的效果非常空虛，完全無法解除緊張的情緒。

心跳加速、流汗、肚子痛這些症狀，無論怎麼祈禱「快點好起來」、「快點改善」都沒有用。

要控制「情緒」或「生物反應」其實很困難。

然而，看剛才的圖就知道，「情緒」和「生物反應」分別與「認知」和「行為」有關連。

既然如此，就表示我們不必改變「情緒」和「生物反應」，只要能改變「認知」和「行為」，就能間接使「情緒」和「生物反應」冷靜下來吧？

這就是認知行為治療法的基礎思想。從「認知」和「行為」的角度切入，改善症狀、心情、情緒就是所謂的「認知行為治療法」。

你是不是有一點明白了呢？

我來整理一下。我們將「在別人面前發表簡報的時候會緊張、心臟怦怦跳、冒汗，然後變得不安，肚子開始痛起來，導致只能待在廁所」的狀況：

①先按照「生物反應」、「情緒」、「行為」、「認知」四大項目分門別類。

②在我們一項一項整理的時候，就能客觀看待當下的狀況。

③接著，不必改變「情緒」和「生物反應」，試著從「認知」和「行為」的角度切入。

④如此一來，就能改善症狀、心情、情緒。

如果你現在能夠大致了解，那就OK了。

即便剛開始會覺得「有點麻煩耶」，只要持續嘗試，你就會漸漸發現「啊，原來如此」。

接下來就請你一一寫下實際想到的場景吧。

試試看

生物反應	情緒	行為	認知

怎麼樣？能夠按照「生物反應」、「情緒」、「行為」、「認知」四大要素分門別類寫下來嗎？你沒有必要勉強填完四個項目喔。想不到的話，請直接空著。

我有一件事想告訴你：一開始不習慣的時候，有很多人會在「情緒」這一欄，填寫屬於「認知」的內容。

譬如說，在職場上有一位上司對你態度很差。

假設你想起這件事，針對剛才「認知行為治療法的基礎——認知模型」圖形中的「生物反應」、「情緒」、「行為」、「認知」四大要素分門別類整理。

結果就會像這樣：

生物反應

臉熱熱地脹紅

情緒

因為不合理的理由被要而感到生氣

行為	翻文件的動作變得很粗魯 打字的時候用力敲打電腦的鍵盤
認知	

寫到這裡，準備要填「認知」這一欄的時候，偶爾會發生「嗯？這一欄要寫什麼啊？我想不到耶」的情況。

這是因為大多數的人剛開始嘗試認知行為治療法的時候，無法分辨「情緒」與「認知」，經常把兩者混為一談。

能夠區分「情緒」與「認知」之後，就能寫出像下一頁這樣的圖。

你可以一邊想著實際遇到的狀況一邊寫，不用著急，慢慢習慣這種方式。

認知行為治療法的基礎——認知模型

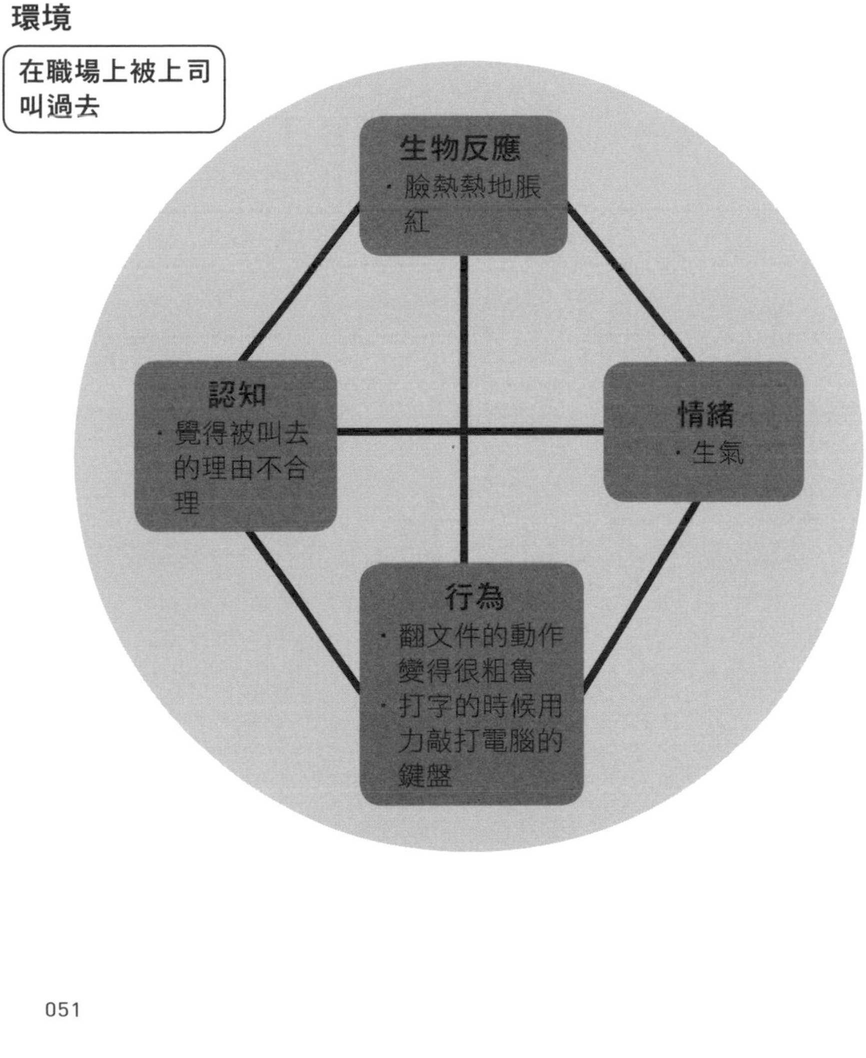

練習寫寫看——認知模型

環境

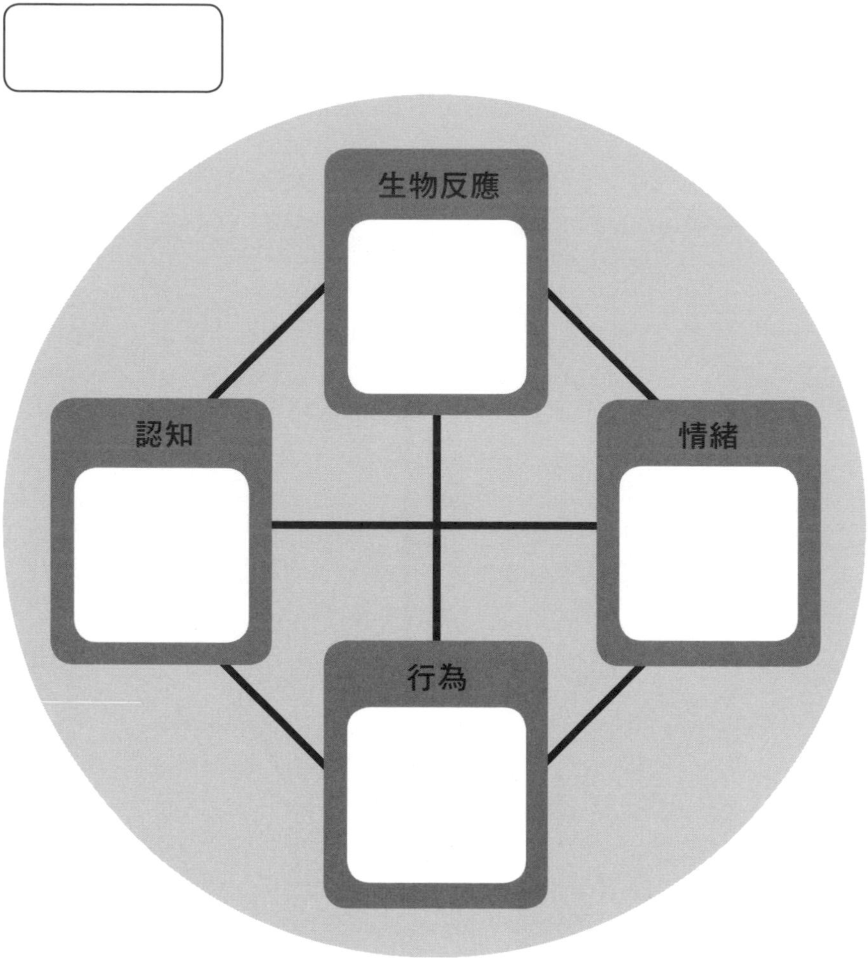

何謂認知——看待與思考事物的方式

當我們心中產生不愉快的情緒時，經常會說「很煩」。以下哪一些詞彙可以表達你現在「很煩」的心情呢？一起來找找看吧。

譬如說：

- ・空虛・悲傷・丟臉・受傷・失望・不安
- ・憂鬱・煩躁・悲慘・無力感・罪惡感・不甘心
- ・屈辱・擔心・恐懼・恐慌・憤怒・焦躁
- ・興奮・緊張・痛苦

我想你內心一定有很多情緒。當然，也有表達「愉快」情緒的詞彙。一起來找找看吧。

・開心・期待・雀躍・幸福
・平靜・悠閒・安心・有幹勁
・有朝氣・積極・冷靜

可能還有很多其他的詞彙對吧？

認知行為治療法就是透過將情緒和認知語言化，寫出來之後的客觀驗證方法。因此，你當然可以用「很煩」來表達情緒，但是了解各種表達情緒的具體詞彙，你就能夠選出最符合你當下情緒的詞彙，執行認知行為治療法也能變得更順利、更輕鬆。

接下來，當你在嘗試認知行為治療法，不知道該怎麼表達自己的情緒時，請回到（53、54頁）這裡找出最符合的詞彙。

在談到「你的情緒從何而來」的時候，我說過「你的情緒來自你的思考方式」。還記得嗎？

我們的情緒和行為，還有身體的反應都受到「認知」，也就是思考事物、看待事物的方式影響。

「可是，不對啊？」

「不對不對，等一下。」

「所以『認知』到底是什麼？」

「這裡說的『認知』是認知障礙（失智症）的認知嗎？」

應該會有人覺得很疑惑吧。

在說明認知行為治療法的「認知」時，我通常會解釋成「大腦浮現的印象」或者「在心中的自言自語」。

假設你做完健檢，收到「需要複檢」的通知。

你腦海裡會浮現什麼想法呢？

有人可能會浮現複檢的時候發現生病，接下來必須辭掉工作住院，最後靜靜等待死亡降臨的畫面。

或者可能會有人心想：「哇，真麻煩耶。」、「複檢就又要請假了吧？很難跟上司開口啊！」

像這種宛如電影一般在腦海中浮現自己住院的視覺影像或者是在心中喃喃自語「哇，真麻煩耶」，都稱為「認知」。

「認知」會根據當下狀況，就算不刻意去想也會馬上浮現，下意識就會擅自冒出來，所以也稱為「自動思考」。

接下來還要談到另一個面向，在認知行為治療法中也會用到的「認知基模」。

我們從小就會聽父母的教導、周遭大人經常說的話、學校老師曾經說的話，體驗被誇獎很開心、獲得成功被認可或者最後失敗覺得很丟臉、被霸凌等各種經歷。

當你在走自己的人生路時，其實也逐步建立起自己特有的「價值觀」和「人生觀」。這些「價值觀」和「人生觀」會從過去的經驗中得到驗證。

你心中應該也會有幾個「一般來說都是這樣吧」、「這樣做也是理所當然」等一直存在的「信念」。

譬如說：

「一般來說，見到人就要打招呼吧。」

「如果對別人造成困擾，道歉也是理所當然的事吧。」

「對不太熟識的人，不要多嘴保持沉默當然比較保險啊。」

「無論做什麼，最重要的就是過程很拚命，其次才是成果。」

「無論再怎麼努力，只要沒有成果就沒有意義。」

像這種「理所當然」並不是對任何人都通用，因為每個人的想法都不同。

自我認同、自我概念等「信念」也是人各有異：

「我就是一個廢柴。」

「反正我做什麼都不會順利。」

「沒有人愛我。」

「無論什麼時候，我都要追求完美。」

「我還算過得去。」

「這個世界總會有出路。」

世界上有很多「想法」和「信念」。

這種**「價值觀」、「人生觀」、「信念」**我們就稱為「認知基模」或者是「核心信念」。

你的「認知基模」不只一個。為了瞭解你的「認知基模」，必須詳細回顧你人生的成長過程。

你小時候是什麼樣的小孩呢？你的父母是什麼樣的父母呢？家庭環境如何？國小、國中、高中，過著什麼樣的學生生活呢？交友關係如何？有沒有受過重傷或者生過大病？有沒有經歷過很多次搬家的經驗？

回顧人生的時候，需要了解各階段的故事。因為這些人生經歷，會產生屬於你個人的「人生觀」和「信念」。

「無法相信別人。」

「不能拋棄這個社會。」

「世界上充滿壞人。」

「困難的狀況下，其實隱藏著『機會』。」

一個人有各種「價值觀」是理所當然的事。因為人活多久，就會產生多少「認知基模」。

我們遇到事情的時候，會透過這個「認知基模」瞬間產生「自動思考」。

譬如說，你是不是習慣用「反正我根本就……」這種方式思考呢？

處於抑鬱狀態的人很容易就會陷入「反正我根本就……」這種思考模式。

如果你擁有「反正我根本就是個消失也無所謂的存在」這種「認知基模」，遇到事情的時候就會覺得：「反正不管做什麼都沒有用」、「反正都會失敗，還不如一開始就不要做」、「隨便啦，反正怎麼樣都無所謂」。

這種「自動思考」很容易冒出來。

你是不是經常否定自己的可能性或者自己的存在價值呢？

你內心深處一直潛藏著「認知基模」以及碰到某件事之後湧現的「自動思考」。

如果能客觀地發現自己心中正在喃喃自語什麼，或者腦海中浮現什麼畫面就好了。

我們不需要一開始就找出你的「認知基模」有哪些。在進行認知行為治療法的途中，你會漸漸發現它們，所以現在只要知道「人生觀」和「價值觀」這些東西就叫做「認知基模」即可。

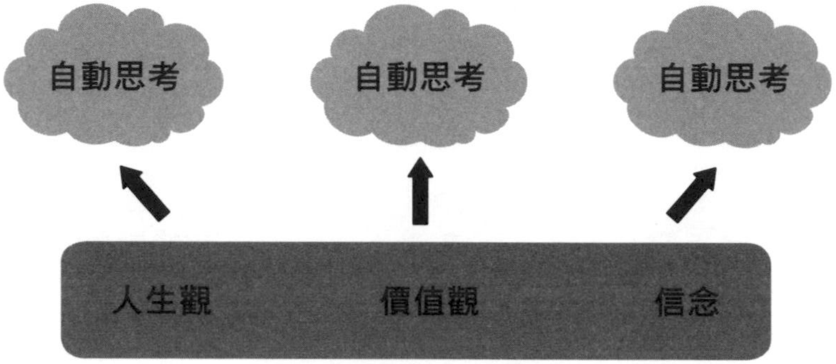

認知基模（核心信念）

試試看

自動思考——寫下幾句腦海中經常浮現的自言自語吧

認知基模——寫出幾個自己認為的「理所當然」以及人生觀、價值觀

你的「思考模式」是什麼？

你是不是已經了解「認知」是什麼了呢？

我們經常會把認知模式稱為思考模式。

接下來我會介紹幾個常見的思考模式。

你比較接近哪一種思考模式呢？

「啊，這個可能是在說我！」

「這和我一樣！」

你應該會找到幾個這樣的思考模式。

一起來找找看吧！

二分法思考

和拒絕上課的孩子聊天時，我經常聽他們說：「我不喜歡上課上到一半進教室。如果要去上學的話，我想要早上就到學校。如果會遲到，那乾脆不要去還比較好。」

他們的想法是，要做就要做到完美，不然很不甘心，如果做不到，那一開始就不要去做。

「好」或「壞」、「白」或「黑」、「零分」或「滿分」只能選擇其中一個，過度用二選一的方式看待事物，這種思考模式就稱為「二分法思考」。

我經常會用「這是非黑即白的思考方式呢」或者「這種思考方式，屬於不是零分就是滿分模式喔」來形容。

擁有非黑即白思考模式的人，請從今天起這樣對自己說：

「沒有滿分也沒關係。」

「不黑不白的灰色也沒關係。」

「成果不代表一切。既然已經努力過，那就足夠了。」

我這樣說，你一定會反駁：「我怎麼能允許這種半吊子。絕對不可以這樣！」思考模式就是強烈地存在你心中的信念。對你而言「理所當然」的信念，其實有可能就是讓你痛苦的認知模式。剛開始嘗試的時候，你很有可能覺得會把自己寵壞，所以很難保持冷靜，但是只要能稍微改變成「一點點沒關係」、「有一部分OK」的思考方式就可以了。

過度的一般化

有沒有人因為小時候不會騎腳踏車，就認為自己「運動神經很差」，之後還擅自認定自己對所有運動都不在行呢？

認為一件事就代表所有狀況或特徵的想法就稱為「過度的一般化」。

譬如說，家庭主婦只因為烤焦漢堡排一次，就認為「做菜失敗根本就沒資格當家庭主婦」而鬱鬱寡歡。冷靜想想，只是烤焦漢堡排一次，很難因此就失去當家庭主婦的資格吧。

容易陷入這種思考模式的你，請像這樣再次驗證自己的想法：

「真的是這樣嗎？」

「雖然不會騎腳踏車，但也不代表所有運動都不行吧？」

「雖然做菜做得不好，但也未必沒資格當家庭主婦。」

像這樣針對「過度一般化」的事情，再次冷靜回顧：「真的是這樣嗎？」、「是不是自己預設立場或者鑽牛角尖呢？」或許你會因此發現自己的固有觀念喔。

選擇性的擷取

無視能做的事情或積極正面的觀點，只擷取自己做不到或負面的部分，這種思考方式就是「選擇性的擷取」。

「今天的推銷也都失敗了。」明明有被客戶稱讚，但是只注意到不順利的部分，完全忘記，甚至根本沒發現身邊發生的好事，就是指這種思考模式。

只看到不好的一面，因此而自責或者暗自失落。容易陷入這種思考模式的你，請試著把眼光轉向自己有努力、能做到的部分，找出周遭正面積極的事情吧。

然後請練習告訴自己「已經很努力了呢」。

讀心術

「要是提出這種報告，上司一定會把我調走吧。」

毫無根據地揣測對方的態度和行動，這種思考模式就稱為「讀心術」。

「媽媽一定不會聽我說，反而還會被說教。」

你會不會在腦中擅自想像對方的反應和態度，還斷定這些事一定會發生呢？

剛才的例子，其實不嘗試就不知道結果，更何況是對方的心情了。

請不要什麼都還沒做就擅自下結論，先行動吧！同時也嘗試和對方溝通看看。

對號入座

當人群聚集在討論些什麼的時候，認為「那些人一定是在說自己的壞話」，這種思考模式就是「對號入座」。

開會的時候，如果上司出言責備，就會心想「因為我笨手笨腳，所以上司才會不高興，都是我的錯」。你是不是像這樣只要有一點問題，就馬上對號入座認為是自己的錯呢？

有沒有人是發現別人在偷偷講話，明明聽不到內容，卻斷定「一定是在討論我」，擅自把周遭人物的言行和自己連結呢？

人們其實都忙著自己的事，根本不會把焦點放在你身上。周遭的人其實比你想像得還要沒有那麼在意你也說不定。改變這種思考模式的秘訣，就是試著告訴自己「別人或許沒有這樣想自己」、「可能只是自己多心了」。

■「一定・必須」的思考模式

「絕對不能遲到，如果會晚到就一定要先告訴對方」、「晚輩一定要聽長輩的話」。**像這種對自己或他人的行為擁有絕對義務感，認為「不能不這麼做」的思考方式，用英語描述就是「must」，也就是「一定思考模式」或者「必須」去做的「必須思考模式」**。

每個人都有各種自己認為「必須」做的事情。這些規則或規律，不只會套用在自己身上，也會強加在別人身上。

因此，具有強烈「一定思考模式」的人大多會嚴格限制自己，也會以嚴格的眼光要求別人。總是容易激動、緊張、死板的人，請試著檢視自己擁有哪些「必須思考模式」，也可以一一寫出來喔。

然後再來慢慢練習「嗯，算了吧」這種寬容接受的態度。

敗局思考

「絕對不可能，這不可能完成。」

毫無根據地就認為一定會面臨最糟的結果，這種認知模式就稱為「敗局思考」。

不是「或許會失敗」，而是幾乎確信「絕對會失敗」。

這些人大多會在腦海中浮現鮮明的「最慘、最糟的結果」。

對這樣的人，與其要他們把想法改成「或許有可能會失敗」，我有時候會反向操作，告訴他們「就盡情失敗吧」。

失敗就是自己挑戰不擅長的事情的證據。

即便結果不順利，你也能告訴自己「用盡全力挑戰過已經很好了」、「自己很努力活著」、「事情沒有比原本想像來得糟」。

大多數的情況下都不會失敗，反而還會成功呢。

小看自己

「換尿布、餵奶、換衣服之類照顧嬰兒的工作，本來就是身為母親該做的，一點也不偉大」、「考滿分是因為題目太簡單，其實自己的實力並沒有很堅強」。

認為自己做的事情理所當然、沒什麼大不了，輕忽良好成果的重要性，這種思考模式就屬於「小看自己」。

不對，這一點也不理所當然。你真的很努力。

屬於「小看自己」類型的你，一定很不擅長誇獎自己吧？

「因為這點小事就誇獎自己，對自己也太好了。」

「我完全沒有努力，這不是什麼了不起的事情。」

你已經打從內心深處養成小看自己的習慣了。

因此，剛開始請帶著問號，來練習稱讚自己吧。「我已經很努力很棒了……對吧？」像這種感覺就可以了。你可能不是打從心底這麼認為，不過我們可以慢慢練習讚美自己喔。

我舉出各種「思考習慣」，有哪幾個符合你的狀況呢？我想，應該不會只有一個思考模式符合你的狀況，應該有好幾個才對。

前面提到過，你的情緒來自你的認知，也就是思考方式和看待事物的方式。你之所以會不安、沮喪、緊張、想放棄，都是因為你的思考方式使然。

「思考方式」和「看待事物的方式」會引起抑鬱、不安、緊張的情緒。這些思考方式已經是一種「習慣」，所以通常會在自己沒有發現、不知不覺的時候就已經這麼想。

當你發現的時候就好好思考，自己是什麼時候開始沮喪的，這樣就可以了。

因為這些思考模式在自己心中會理所當然地發生，所以在刻意確認之前，往往很難發現。

因此，你必須先了解自己的「思考習慣」屬於什麼模式才行。

無論是誰，都會有自己特有的「思考習慣」。**我的意思並不是有「習慣」不好，或者是不能有習慣**。

「思考方式」這個東西，如果你「想改變」的話當然可以改，想繼續保持原樣，也可以就這樣保持不變。要不要改變都是你的自由。

只不過了解「思考習慣」，你就能開始擺脫不知不覺中開始沮喪或不安的自己。**發現自己的「思考習慣」之後，一定能找到解決問題的線索**。

請你在相符的「思考習慣」上面打勾吧。然後在欄中填寫你經常在心裡自言自語的話。

試試看

□二分法思考（過度用二選一的方式看待事物）

□過度的一般化（認為一件事就代表所有狀況或特徵）

□選擇性的擷取（無視積極正面的部分，只擷取負面的部分）

□讀心術（毫無根據地揣測對方的態度和行動）

□對號入座（一有問題就覺得和自己有關）

試試看

□「一定・必須」的思考模式（對個人或他人的行為抱有強烈的義務感）

□敗局思考（毫無根據地就認為一定會面臨最糟的結果）

□小看自己（輕忽良好成果的重要性）

第2章

嘗試認知行為治療法

從不同病例切入篇

「恐慌症」——不慌不忙地挑戰跨出一小步

到目前為止，我已經介紹了認知行為治療法的基礎。這些基礎大致上可以整理成兩個部分：

①人在面對一件事的時候，「生物反應」、「情緒」、「行為」、「認知」四大要素會彼此影響。

②客觀觀察並用數值表現情緒的強度。

認知行為治療法非常重視客觀的角度。剛開始你可能會覺得情緒怎麼用數值表示啊？但是不用太機械化，只要慢慢和自己的情緒對話就可以了。

認知行為治療法雖然處理「認知」，但也會從「行為」的角度切入。

以認知為主還是行為為主，必須依照你的症狀和認知行為模式判斷。雖然認知和行為都會包含在內，但只要選擇有效果、容易執行的比例安排就可以了。

接下來，我會針對恐慌症詳細說明，並會應用剛才提到的兩點認知行為治療法基礎來實踐。

恐慌症

恐慌症指的是毫無來由就突然出現心悸、頭暈、冒汗、窒息感、想吐、手腳發抖等症狀，而且嚴重到影響生活的狀態。

當恐慌症發作的時候，人會無法控制自己，這種感覺強烈到讓人覺得自己是不是快要死了。

因此，人會想避開讓自己產生「要是發作怎麼辦」這種不安情緒、容易發作的場所或狀況。尤其在電車或電梯內部等封閉的空間會讓人覺得「無處可逃」，導致影響外出的意願。

「如果在電車裡喘不過氣，直接昏倒怎麼辦？」
「搭特急或快速列車會很緊張。」
「隧道好可怕。」
「橋梁好恐怖。」
「我不敢搭地鐵……。」

有很多恐慌症患者都不敢搭電車。

如果是汽車的話，有很多患者會在意高速公路、橋梁、隧道，或者是副駕駛座有沒有人。船和飛機就更不用說了。

除此之外，類似的場景還有電梯、購物中心、高樓大廈等，每個人不敢面對的場景都不一樣。

碰到自己不擅長應付的場合，就會心跳加速、呼吸困難、全身冒汗，覺得自己「好像要昏倒了」，沒辦法好好待在原地。很多人會覺得「沒有人陪在身邊就會覺得很不安」，但也有不少人是「因為太在意別人，所以希望能獨處」。

似乎大多數的人比較不擅長「出門」，但是「回家」就會覺得比較輕鬆。因為擔心會在外出的時候恐慌症發作，所以盡量避免外出。也有很多人是以前曾經因為身體不舒服，在搭電車的時候突然喘不過氣，或者是因為過敏性腸胃炎想拉肚子而跑廁所，這種過去經歷過的症狀而罹患恐慌症。

反之，也有人不曾出現過這些身體上的症狀，但是一心想著「如果發生這些事怎麼辦」，因此引起恐慌症。

這種類型的人我很推薦嘗試認知行為治療法。

預期性焦慮

恐慌症患者只要一想到要搭交通工具，就會開始不安並陷入緊張狀態。

「電車的車門一關，就沒辦法自由進出了。」

「萬一身體不舒服又沒辦法下車怎麼辦？」

除此之外，也會在沒有任何症狀的時候就擔心：「真的沒問題嗎？」、「如果恐慌症發作怎麼辦？」

這種不安就叫做「預期性焦慮」。有些人可能不清楚何謂「預期性焦慮」，容我再稍微說明一下。

你喜歡鬼屋嗎？為什麼緩緩走在昏暗的道路上會讓人覺得很害怕呢？因為你認為「可能會有鬼」。如果有陰影或者柳樹枝的話，這種感覺就更強烈。

你是不是想著：「搞不好會出現！」、「那裡可能有鬼！」然後自己在心裡覺得「好恐怖、好恐怖」然後製造恐懼感呢？

明明什麼都沒發生（沒有看到鬼），但是心中已經先判斷那些令人「恐懼」、「不安」的事情「一定會發生」，自行產生不安的情緒。

這就叫做「預期性焦慮」。

譬如說：

「如果在電車裡身體不舒服，造成別人困擾怎麼辦？」

「車門關上之後，到下一站之前都不能下車。要是在路上突然喘不過氣怎麼辦？又沒辦法中途下車，感覺會越來越難受。」

「如果肚子痛沒辦法忍住不去廁所怎麼辦？」

明明是還沒發生的事，卻一直想著「如果發生」的狀況，在提早擔心的時候，人就會變得更緊張、不安。

人一緊張、不安，交感神經就會佔據優勢，心臟真的會怦怦跳，也會肚子痛或喘不過氣，也就是誘發恐慌症。

如果是過去曾經因為過度換氣而喘不過氣，或者實際上真的一直跑廁所，經歷過這種痛苦的人，就算沒有刻意去想也會自然而然出現「預期性焦慮」。

因為我們的身體，從遠古和猛瑪象對戰的時代開始，交感神經就會為了保護身體在碰到危機的時候運作。

就算沒有刻意去想，也會擅自不自覺地浮現，這種想法稱為「自動思考」，這就像是你腦中瞬間冒出的「心之聲」。

有時候是腦中浮現「一定會發生很嚴重的事情」，然後冒出「真的快要昏倒」宛如電影畫面般的視覺圖像，這也是一種「自動思考」。

「我會不會恐慌症發作，沒辦法搭電車？」、「如果途中覺得很難受怎麼辦？」這些「自動思考」會變成「預期性焦慮」，在想到出門這件事的時候就充滿憂慮。接著，人會用「還是不要去旅行好了」、「這次還是算了」來逃避。

但是，請等一下。

對你來說「最糟的狀況」沒有真正發生。

「預期性焦慮」只是「預期」，並非今後一定會發生的「確定事項」。

「說不定什麼都不會發生，很順利就搭上車了。」

因此，當你心裡出現「預期性焦慮」的時候，我希望你能發現這些讓自己不安的想法，「如果～怎麼辦」的最糟結果只是「假設」而已。

當你發現那些「如果」都是自己在腦中製造出來最糟的「想像」，是不是就能稍微冷靜下來了呢？

接著，請告訴自己「或許會很順利也說不定」、「還沒發生任何不好的事，那就先試著出門吧」、「就算身體真的不舒服，一定也能處理好的」。

我希望你不要「因為可能會發生嚴重的後果，所以一開始就放棄」，用這種方式逃避不擅長面對的場合。

想改善恐慌症，不需要馬上就挑戰高強度的不安場合。

慢慢來就可以了。請先從稍微努力一下就能實現的程度開始吧。

放鬆

話說回來，你有嘗試過什麼放鬆的方法嗎？

呼吸法、漸進式肌肉放鬆、自律訓練法、冥想，任何方式都可以。

恐慌症和「生物反應」、「情緒」、「行為」、「認知」四大要素中的「生物反應」有關。心臟怦怦跳、頭暈、冒汗、喘不過氣、想吐等症狀都是交感神經處於優勢時的身體反應。**放鬆就是為了抑制交感神經**。

前面有提到自律神經系統分為交感神經和副交感神經兩種功能。

交感神經運作時心跳數會上升，使肌肉緊張、呼吸加快、冒汗，就像恐慌症發作的時候一樣。

現在你會不會覺得，只要抑制交感神經的運作，讓副交感神經處於優勢，就能抑止恐慌症發作呢？

自律神經系統無法讓交感神經和副交感神經同時運作。交感神經佔據優勢的話，副交感神經就會被抑制，反過來說，當副交感神經佔據優勢的時候，交感神經就會被抑制。

因此，想讓副交感神經佔據優勢，只要促進腸胃消化、放鬆肌肉、放慢呼吸速度即可。

這就是「不安的拮抗反應」。

也就是說，心臟怦怦跳很難受的時候，即便想著「冷靜一點」、「希望心跳能慢下來」也沒有用。但是，**只要放鬆下來，讓副交感神經佔據優勢，心跳自然就會慢慢變慢，心情也會變得冷靜。**

你有幾種讓自己放鬆的方法呢？

我在認知行為治療的臨床診療上，經常會問患者：「恐慌症發作的時候，為了冷靜下來，你會做什麼？」

很多人回答「聽音樂」。聽到喜歡的音樂，副交感神經就會佔據優勢，透過放鬆來減輕恐慌症的症狀，很符合治療的邏輯。

我也會告訴恐慌症患者「不安的拮抗反應」的相關知識，讓患者了解除了聽音樂之外，**還有好幾種讓副交感神經佔據優勢的方法**。

喝一點飲料是個好方法，嚼口香糖也不錯。

偶爾也有人會用按穴道的方式放鬆。聽說手腕靠小拇指方向的皺摺處，略為凹陷的地方有一個「神門穴」，用大拇指按住穴道，其他手指握住手腕，力道控制在「舒服的痛」就可以了。

另外，手背虎口上略靠近食指的位置有一個「合谷穴」，刺激合谷穴就能讓情緒冷靜，漸漸恢復平常心。

看來大家都各自下了很多功夫呢。

這裡我想介紹的是「呼吸法」和「漸進式肌肉放鬆」。

使用「呼吸法」緩慢地呼吸，或者用「漸進式肌肉放鬆」來舒緩肌肉緊繃，就能讓副交感神經佔據優勢。

呼吸法

呼吸法可以讓自律神經的副交感神經佔據優勢，透過調整自律神經的平衡，改善睡眠品質或腸道環境、舒緩壓力，擁有各種功效。

另外，深呼吸也有讓身體放鬆，改善血液循環、新陳代謝、手腳冰冷、肩頸僵硬、提升免疫力的效果。

首先，請從嘴巴細長地吐出一口氣，像蜘蛛吐絲一樣。想像把體內的空氣壓出來，深長地吐一口氣。

把體內的空氣全部都吐光之後，再從鼻子自然地吸入空氣。花四秒鐘吸氣，四秒鐘止息。然後花八秒的時間緩緩吐氣。

能夠用鼻子呼吸的人，就輕鬆地用鼻子吸氣四秒、止息四秒、緩緩吐氣八秒。

然後緩慢地重複這個步驟。

很難用鼻子呼吸的人，改用嘴巴呼吸也沒關係。

過度換氣症候群的患者可能沒辦法用鼻子呼吸，而且呼吸可能又淺又急，所以請把重點放在吐氣，保持從嘴巴吐出深長的氣。

你也可以一邊發出「呼——」的聲音，吐出深長的氣息。就像從背後擰出空氣一樣，盡量拉長吐氣的時間。

恐慌症發作的時候，會變得很驚慌失措而且焦急。因此平常就要勤加練習，練到碰上這種情形的時候也能想著「還有呼吸法可以應用，一定沒問題的」。

四秒吸氣、四秒止息、八秒吐氣，所以稱為「四・四・八呼吸法」。

關於鼻呼吸，最近有腦科學方面的驗證。

二〇一六年，西北大學克莉絲汀娜・賽拉諾博士等人的團隊發表「呼吸會影響認知功能」的研究結果。研究團隊觀察七名病患在癲癇手術前的狀況，發現鼻呼吸的頻率和大腦的海馬迴、杏仁體波長一致。然而，用嘴巴呼吸的時候，就沒有這種一致的現象。

海馬迴是大腦邊緣系統的一部分，主掌大腦的記憶和空間學習能力。長期有心理壓力的時候，會因為分泌皮質醇導致海馬迴的神經細胞遭到破壞，海馬迴就會萎縮。

另外，杏仁體是在感受到不安或恐懼的時候會活動的器官。

也就是說，**鼻呼吸和記憶、感知不安恐懼有關**。既然透過用鼻子呼吸，就能減輕不安或恐懼，那一定要在平時就有意識地做練習。

「四・四・八呼吸法」也有影片可以參考。請掃描93頁的 QR Code，在家裡或公司等任何地方，花一點時間試試看吧。

我再介紹另一種「單鼻孔呼吸法」。單鼻孔呼吸法是瑜珈練習中時常會用到的呼吸法。

這種呼吸法藉由左右鼻孔輪替呼吸調整自律神經，具有恢復身心平衡的功效。

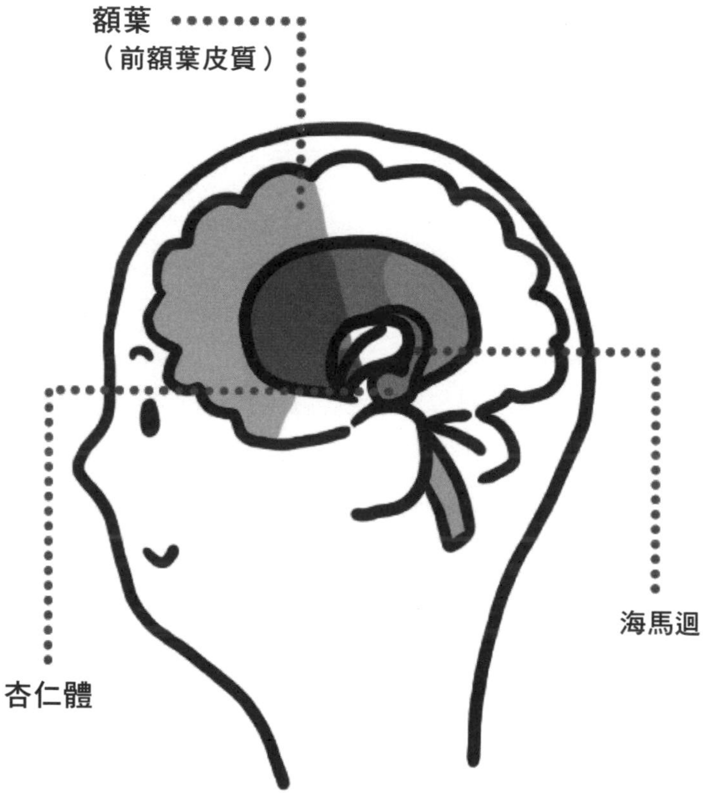

大腦剖面圖

首先請將右手的手掌朝向自己的臉，食指和中指彎曲。用大拇指按壓右鼻孔，從左鼻孔吐氣。接著，從左鼻孔深深吸氣。

這次換無名指壓住左鼻孔，放開大拇指，從右鼻孔吐氣。接著，再從右鼻孔深深吸氣。

請重複這個步驟幾分鐘。用左邊的鼻孔呼吸，可以活化右腦，產生放鬆、沉著、穩定的感覺。用右邊的鼻孔呼吸，可以活化左腦，產生活躍、緊張、興奮的感覺。無論哪一種都是可以找

四・四・八呼吸法

單鼻孔呼吸法

回平衡、活化大腦的呼吸法。這個「單鼻孔呼吸法」也會在影片中介紹給大家。請掃描 QR Code，嘗試看看吧。

漸進式肌肉放鬆

漸進式肌肉放鬆是透過舒緩肌肉，讓副交感神經佔據優勢，減輕緊張和不安的放鬆方法。為了放鬆肌肉，先按照順序用力讓身體各部位的肌肉緊繃，再進行舒緩。

先把手錶、眼鏡、皮帶等束縛身體的東西拆下來，緩緩地用輕鬆的姿勢坐下。

首先，用力握住雙手大拇指。用力握住十秒之後，攤開手掌，放掉所有力量。

接著，手臂用力彎曲，再放掉所有力量。

下一步是彎曲手臂，背打直並夾緊肩胛骨，然後再放掉所有力量。

先花十秒鐘讓肌肉緊繃，然後用兩倍的時間，放鬆二十秒左右。在這種什麼都不做的狀態下，就能打造出讓副交感神經佔據優勢的放鬆狀態。

這次先聳肩，之後再放掉肩膀的力量，讓手臂放鬆下垂。

頭歪向一邊，再回到中間。

先把嘴巴嘟起來，眼睛用力閉上，接著放鬆臉上的肌肉。

從肚臍下方用力，再從內部吸氣膨脹，放鬆腹部。

在嘗試漸進式肌肉放鬆的時候，可能有些人罹患過敏性腸胃炎等容易腹瀉的疾病，一緊張就會肚子痛。如果擔心會出現相關症狀，可以先跳過腹部沒關係。

接著是腿部。腳尖用力伸直，然後再放鬆。

最後讓全身肌肉先繃緊再放鬆。對，雙手握住大拇指，手臂彎曲。保持這樣的姿勢，再夾住肩胛骨，挺直身體。讓臉部保持緊繃，伸

漸進式肌肉放鬆

直雙腿。

過十秒鐘之後，放鬆全身的肌肉。請用一段時間享受這種放鬆的狀態。

漸進式肌肉放鬆也有影片可以看，請掃描QR Code，跟著影片嘗試看看吧。

不安階層表

想應用認知行為治療法處理恐慌症的時候，我會希望你仔細審視自己在面對什麼場合會出現什麼程度的不安。

對外出會感到不安或者有懼高症、害怕面對人群的人，我希望你具體地描述那些讓你不安或恐懼的刺激來源或場合。

你會在什麼場合感到緊張？越是不擅長面對的場合，就會越容易不安對吧。

你第一次出現這種症狀是在什麼場合呢？假設當時的不安或恐懼的程度為100，完全不覺得不安或恐懼的場合為0，那你面對各種場合時感受到的不安或恐懼大概是多少呢？

接下來，我會以有恐慌症的S先生為例做介紹。

請你也一起回顧自己的不安緊張，檢視程度的高低。

S先生因為恐慌症，所以不敢搭電車。

他第一次感覺到恐懼，是學生時期熬夜之後在上學的路上出現過度換氣的症狀。當時他喘不過氣，在電車裡蜷縮成一團，還好有周遭乘客的幫助，但這件事也成為恐慌症的開端。

製作不安階層表的時候，這個最初的恐懼感就是100。

如果現在身體狀況好，勉強還能搭乘各站停靠的電車，但是搭乘地鐵或快速電車的話，不安的感覺就會擴大。他的目標是能夠搭乘新幹線去找住在東京的朋友。

那我們就來試著把不安的程度數值化吧。

在家裡放鬆的時候，完全不會有任何症狀，所以數值為0。

第一次發作的恐懼為100。

在玄關穿鞋為5，能遠遠看到車站為20，像這樣詳細地預想畫面，將不安與恐懼的程度數值化。數值化之後，就可以填寫不安階層表了。

站在月台上就會突然開始緊張，數值提升到50；電車進站為70；車門打開為85；搭上電車、車門關閉之後為95。大概像這樣填寫即可。假設搭乘快速電車為100，搭地下鐵就是120，有時可能會像這樣出現超過100的情況。

以S先生的狀況來說，遠遠看到車站的數值為20，站上月台就一口氣提升到50，所以我會再次仔細詢問這段路上還有什麼令他緊張的場面。

結果發現，過剪票口的時候數值為30，搭乘上月台的電梯時數值為40。

像這樣**盡量具體回顧場景**就是順利進行的秘訣。

接下來把這些場景階段性地分成0～120的強度。

在什麼場景會感受到多少的不安或恐懼，用主觀的角度判斷即可。

這種數值化的方式稱為主觀困擾評量（Subjective Unit of Disturbance, SUD），請試著用數值寫出自己感受到多少恐懼。

把恐懼分階段的圖表稱為「不安階層表」。請嘗試製作不安階層表，盡量詳細描寫在什麼場景會感受到多大程度的不安。

不安階層表

120
110
100
90
80
70
60
50
40
30
20
10
0

不安階層表 填寫範例

120	地下鐵、新幹線
110	
100	快速電車
90	搭上車之後車門關閉（95）
80	搭上車但車門仍然敞開（85）
70	電車駛入月台
60	
50	站上月台
40	搭手扶梯到月台
30	過剪票口
20	遠遠看到車站
10	在玄關穿鞋（5）
0	在家裡放鬆

曝光法

填完不安階層表之後，請先從不安程度較低的場景開始挑戰吧。

挑戰成功的秘訣在於一小步一小步慢慢前進，不要一下子太過努力，剛開始的時候從「應該還可以再往下走一點」這種遊刃有餘的場景挑戰即可。

恐慌症的主要特徵就是恐慌、預期性焦慮以及逃避。挑戰可能會覺得恐懼的場景時，你可能會覺得很抗拒，但是一直逃避的話，症狀就不會改善。請用你自己的步調，慢慢一點一點地前進就好。

透過刻意暴露在不安或恐懼的狀況中，以圖減輕不安或恐懼的行為療法稱為「曝光法」。從不安程度低的場景依序挑戰，稱為「系統減敏法」。

面對懷抱強烈不安情緒的人，先不要突然挑戰現實場景，而是從使用「想像脫敏訓練」開始，讓患者想像不擅長面對的場景，然後引導病患放鬆以利減輕不安。這種作法會在自己的房間等可以放鬆的狀況下，閉上眼睛進行。

請閉上眼睛，在腦海中想像自己正面臨著不擅長應對的場景。

然後來看看剛才製作的不安階層表。請在腦中想像不安程度最低的狀況。

或許有人會說：「光是想像就有點緊張。」即便如此也沒關係喔。挑戰稍微令人緊張的場景，就是改善症狀的捷徑。

我們來看看剛才S先生的例子吧。

請在腦中想像自己在玄關穿鞋，出門朝車站的方向走，遠遠看到車站的場景。

請你在覺得越來越緊張的時候，稍微暫停想像。

然後緩緩地放鬆全身的力道，和緩地呼吸。你

可以使用前面介紹過的呼吸法或漸進式肌肉放鬆來達到舒緩的效果。

等心情比較冷靜之後，再繼續想像。從剛剛你覺得越來越緊張的地方開始即可，不必回到一開始在玄關穿鞋的時候。你走著走著，遠遠看見車站。在過剪票口的時候，又開始緊張，那就在這裡稍微停一下。

像剛才一樣，用呼吸法或者漸進式肌肉放鬆來放鬆身心。待情緒冷靜下來，再重新想像車站剪票口的場景。

到搭手扶梯上樓的地方，再次放鬆身心。抵達月台的場景，如果讓你感到緊張，那就請你放鬆全身的肌肉，專注在緩慢吐氣上，然後持續放鬆到心

情冷靜下來為止。

你必須像這樣緩慢而慎重地不斷重複「想像」→「緊張」→「放鬆」的過程，絕對不能勉強自己。

如果覺得累，請在途中停下來。譬如說「今天就停留在搭上電車之前，下次有機會的話再挑戰電車車門關上的場景」，像這樣慢慢前進。

不要一天之內就一口氣前進，隨時在中途停下，之後再另外找機會想像接下來的場景。花幾天的時間不斷重複，每天前進一點即可。

用「想像脫敏訓練」不斷重複練習，在加入放鬆時間的情況下，一直挑戰自己不擅長面對的場景，待緊張感比較和緩，就可以實際挑戰真實場景了。

我已經強調過，行為治療的基礎就是「跨出一小步」。不需要勉強自己，一點一點重複練習很重要。不需要慌張，也不要試圖一口氣前進太多喔。

在實際挑戰不擅長面對的場景時，先從不安階層表最低的場景開始，並且分成幾天慢慢嘗試。

也就是說，第一天有可能從在玄關穿鞋開始，到遠遠能看見車站的地方就結束。即便你覺得「應該還可以再往下一步」，也不要太過努力，留下一點餘裕擇日再挑戰。

搭電車的時候，緊張感有可能會突然提升。這種時候，請用想像脫敏訓練的順序放鬆身心。輕鬆緩慢地呼吸，放鬆全身的力量。錯過一班電車也無所謂。不要著急，先坐在月台的長椅上，等情緒冷靜下來再搭電車。

你也可以找人一起搭，不過擔心自己可能會在中途下車的人，反而會覺得沒有同伴陪伴比較能毫無顧慮地挑戰，請按照自己的步調進行。挑戰的方法每個人都不一樣。按照你自己的步調去做即可。

如果成功挑戰不安階層表較低的場景，就可以繼續往下走。不要覺得自己「辦不到」，只要每次嘗試一點點就好。

挑戰之後如果覺得緊張也不必著急，你可以一直挑戰相同的場景。譬如不安階層表中50分的「站上月台」，若是你可以在不勉強的狀態下不斷重複挑戰，緊張感就會漸漸從50降到30、20。

確定不安的數值下降之後，請進行下一個階段。如果挑戰好幾次，不安的程度都沒有減輕，那就往後退一個階段，回到不需要勉強自己的場景也沒關係。

容易遇到瓶頸的狀況，通常是事前安排好本週要做到階段一、下週階段二這種計畫，而且試圖按照計畫走。

如果順利當然很好，但是越往下走，不安和緊張的程度就逐漸提升，有些人會一不小心就努力過頭，不過計畫只是計畫，請不要太過勉強自己。**如果挑戰讓你覺得很**

難受，請重新審視「不安階層表」，重新擬訂計畫吧。把「不安階層表」的每個階段拆得更細，不要想著一次挑戰太多也很重要。

請想像你要橫越一個大池塘，池中有墊腳石。剛開始可以在陸地上助跑，所以能跳得遠，但是到了第二塊、第三塊石頭之後，彈跳力就會開始減弱。儘管如此，若你仍要繼續按照計畫勉強跳下去，那就會跌入池塘裡。

你不覺得這個時候只要在石頭和石頭之間多添加幾塊墊腳石，讓彈跳距離縮短，就能輕鬆地跳過去嗎？

而且，不需要因為已經跳到下一塊石頭，就要馬上朝下一塊石頭前進。你現在已經在池塘正

中間的墊腳石上，可以稍微休息、準備、調整呼吸再往下跳。

而且，既然都要挑戰自己不敢搭的電車，只是單純從這一站搭到下一站就太無趣了。到了目的地之後順便繞去蛋糕店、在書店站著看書或者逛逛街，設定一些讓自己期待的事情也能有效增加動力。

多累積「剛開始雖然很緊張，但總算出門了」這種經驗，慢慢習慣不擅長面對的場景、提升自信心吧！

實際上，S先生曾經站上月台就會緊張到喘不過氣。這種時候，他不會急著跳上到站的電車，而是坐在月台的長椅上做呼吸法的練習。等身心放鬆下來之後，再搭下一班電車。

而且，他也曾經在抵達目的地之前就中途下車。這絕對不是「失敗」。只不過是在墊腳石和墊腳石之間，加入新的石頭而已，所以這麼做也沒關係。S先生在第一次出站的車站周圍散步，買了蛋糕犒賞努力出門的自己，帶回家享用。

他就這樣一點一點拉長距離，這次先搭新幹線從新大阪到京都，下次再試著搭到名古屋，就這樣持續挑戰，最後成功搭新幹線去找住在東京的朋友玩。

目前為止，我以電車恐懼症為例，介紹了針對恐慌症的認知行為治療法。

如果你有懼高症，也可以使用「不安階層表」，按照階段挑戰手扶梯、電梯、高樓大廈、摩天輪、飛機等場景。不只恐慌症，如果面對人的時候會感到不安，可以按照和家人見面、和好友見面、和幾個人見面、和陌生人見面、吃飯、演說等階段挑戰。

為了做到分階段挑戰，客觀理解你的「預期性焦慮」究竟是什麼非常重要。

請想像具體的場景，仔細觀察心中喃喃自語的內容吧。試著理解「可能會～」這種不安並非既定事實，而是自己擅自創造出來的想像。

然後，請學會放鬆的方法。無論是呼吸法還是漸進式肌肉放鬆都不需要任何工具，隨時隨地都可以在你想要放鬆的時候使用，而且非常有效。平常就要練習，讓自己在感到緊張或恐懼的時候也能立刻使用。

瞭解讓自己冷靜下來的方法，就會有「萬一有意外就能派上用場」的安心感。

挑戰讓人想逃避的場景時，請持續告訴自己「沒問題」，然後在不勉強的狀況下分成多次、每次一小步地慢慢前進。最重要的是**不要勉強自己，然後鼓起一點點勇氣挑戰**。

請你務必要試試認知行為治療法。

曝光法－填寫範例

步驟 1

走到車站

在長椅上休息

步驟 2

過剪票口

用自動販賣機
買一瓶茶

步驟 3

上月台的手扶梯

在長椅上休息

步驟 4

走上月台

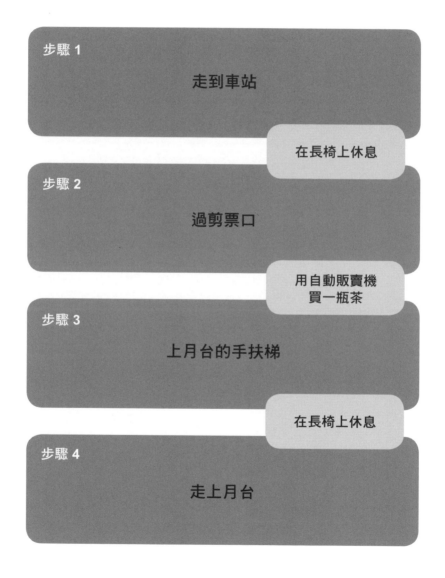

曝光法－試著填看看

步驟 1

步驟 2

步驟 3

步驟 4

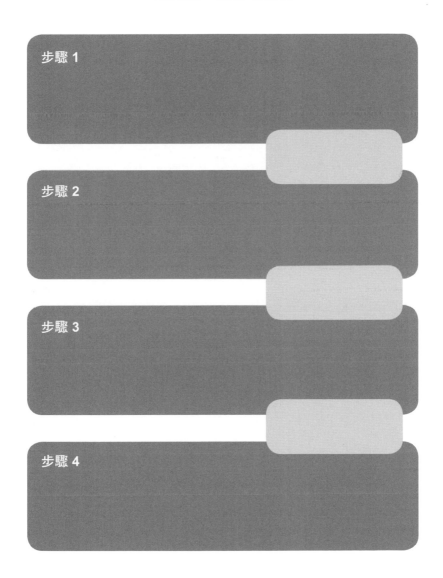

「憂鬱症」——改變讓自己痛苦的思考方式

「反正我就是……」
「就算努力也沒用。」
「既然做了，就要做到完美！」
「別人會不會覺得我很奇怪？」

你擁有哪一種思考模式呢？有沒有找到幾個自己的「思考習慣」呢？

俗話說得好，「人無完人」，只要是人多少都會有一些思考習慣，但大家很意外地都不知道自己的思考模式是什麼。

應該每個人都有不自覺地在腦海裡自言自語的經驗吧。

本書在開頭的章節針對「你的情緒從何而來」這個問題，回答「你的情緒來自你的認知（思考、看待事物的方式）」。

也就是說，你現在感受到的不安、失落、憤怒、喜悅等情緒，都來自你的認知。

如果你現在覺得很難受、痛苦、難過，只要改變想法就能遠離這些情緒。當然，如果你覺得不需要改變現在的情緒，繼續維持原狀也沒關係喔。要不要改變，都取決於你自己。

接下來我要傳達的是認知行為治療法中，稱為「列表法（column technique）」的認知重建法。

美國心理學家阿爾伯特・艾利斯（Albert Ellis）在一九九五年提倡「理性行為治療法」，其中的ABC理論就是三列表法的基礎。三列表法是一種藉由將焦點放在「事件」（Activating event）、「認知」（Belief）、「結果」（Consequence），重新建構認知的治療法。

那我們就一起來試試看吧！

我先以「容易沮喪、在意別人眼光」的A先生為範例。

A先生最近的狀況是這樣的：

「看到上司和同事親近地對話，讓我覺得很沮喪。已經開始在考慮辭職了。」

你有沒有注意到，這段話的描述中包含了主觀要素呢？

「親近地」就是A先生的主觀思想。

姑且不論上司和同事是否親近，只擷取客觀發生的事情，無論誰來看都一樣的部分，就是列表法的重點。

如此一來，客觀發生的事情就是——

「看到上司和同事在聊天。」

這就是發生在A先生身上的「事件」。

接著是「結果」的部分。

艾利斯針對「結果」的主張如下：

「遇到某個『事件』的時候，瞬間『思考』的結果、湧現的情緒或行為。」

也就是說，這裡的「結果」指的是「很沮喪」這種情緒。

用圖表呈現到目前為止的流程，大概就會像下一頁這樣。即便是主觀判斷也無所謂，請把「情緒的程度」數值化，然後寫在旁邊。

我們往往會認為是因為發生某個「事件」，人才會感受到悲傷、沮喪或憤怒。

「因為那個人說了很難聽的話，所以我覺得很難過。」

「因為在外面走路的時候，被擦身而過的人看了一眼，我就臉紅了。」

人往往會像這樣，認為自己是因為某個「事件」，才會產生情緒。

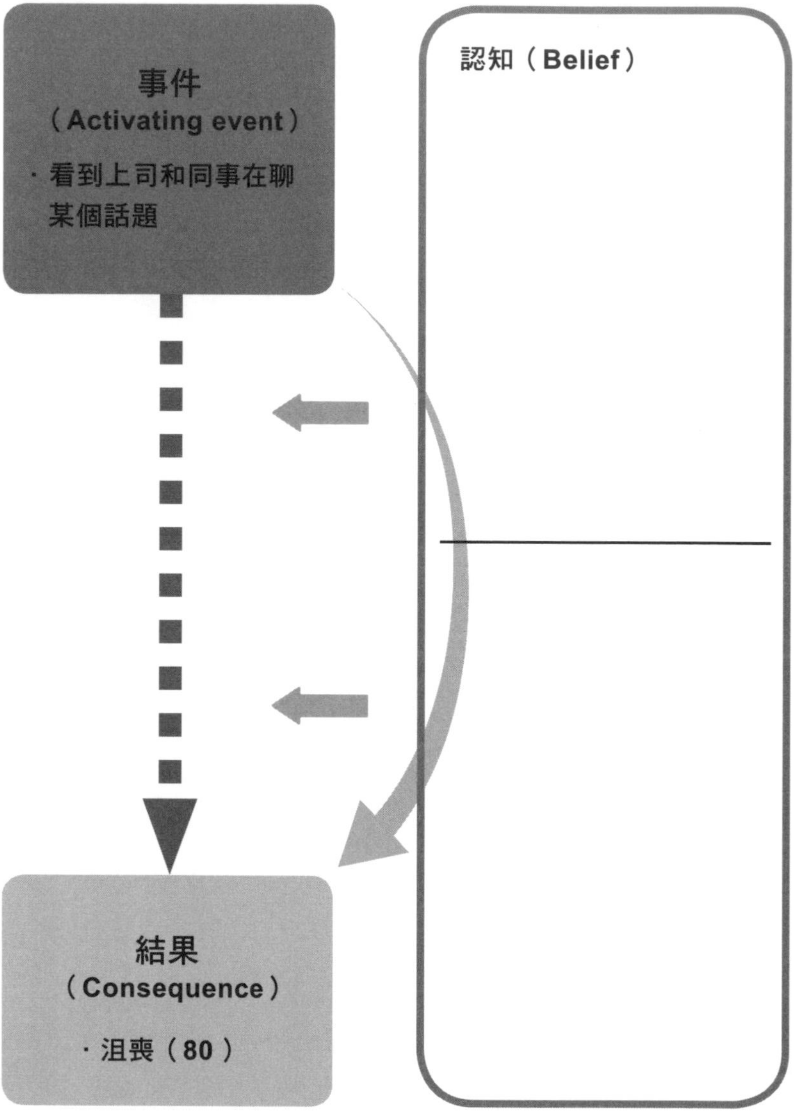
事件
（Activating event）
・看到上司和同事在聊某個話題
認知（Belief）
結果
（Consequence）
・沮喪（80）

然而，已經學習到認知行為治療法的你一定已經明白了吧。

「事件」本身不會製造情緒。情緒是「認知」帶來的結果，而且是在自己心中產生的。

圖中的虛線顯示，大家經常以為「事件」和「結果」（情緒）之間有因果關係，但其實並非如此。

其實，情緒來自「認知」，也就是思考或看待事物的方式。因此，在圖的右側，有大大的箭頭從「事件」經過「認知」，最後指向「結果」的情緒。

請容我在這裡介紹A先生的「認知」。A先生在腦中浮現這樣的想法：

「上司果然還是比較喜歡同事。」

「上司和同事都很討厭我。」

「因為我一點也不能幹，只會給大家添麻煩。」

「我還是辭掉工作比較好。」

如果把這些「認知」填在圖表中，就會像下一頁一樣。

接下來換你了。請回想一個你最近覺得沮喪、憤怒、不安的具體事件。

你在「事件」發生的時候，有什麼感覺呢？是覺得焦躁、空虛、緊張還是心跳加速？請選擇一種情緒當作「結果」，填入圖表之中。

最後是「認知」。請把腦海中的自言自語，填入「認知」的欄位。

實際寫出來之後，應該會比較容易分辨腦中發生的認知和情緒。

剛開始的時候應該常常無法順利區分認知和情緒，將兩者混為一談。請多寫幾次，試著慢慢習慣。

發現自己的認知之後，請好好讚賞能夠區分認知和情緒的自己。**常見的失誤，就是發現自己的認知之後，更進一步責怪自己**。

了解自己的認知模式，對你來說就是改變思考方式的第一步。

我了解你會不禁自責：「我怎麼能這樣負面思考。」但是我希望你**好好稱讚踏出寶貴第一步的自己：「能發現這一點，已經很棒了！」**

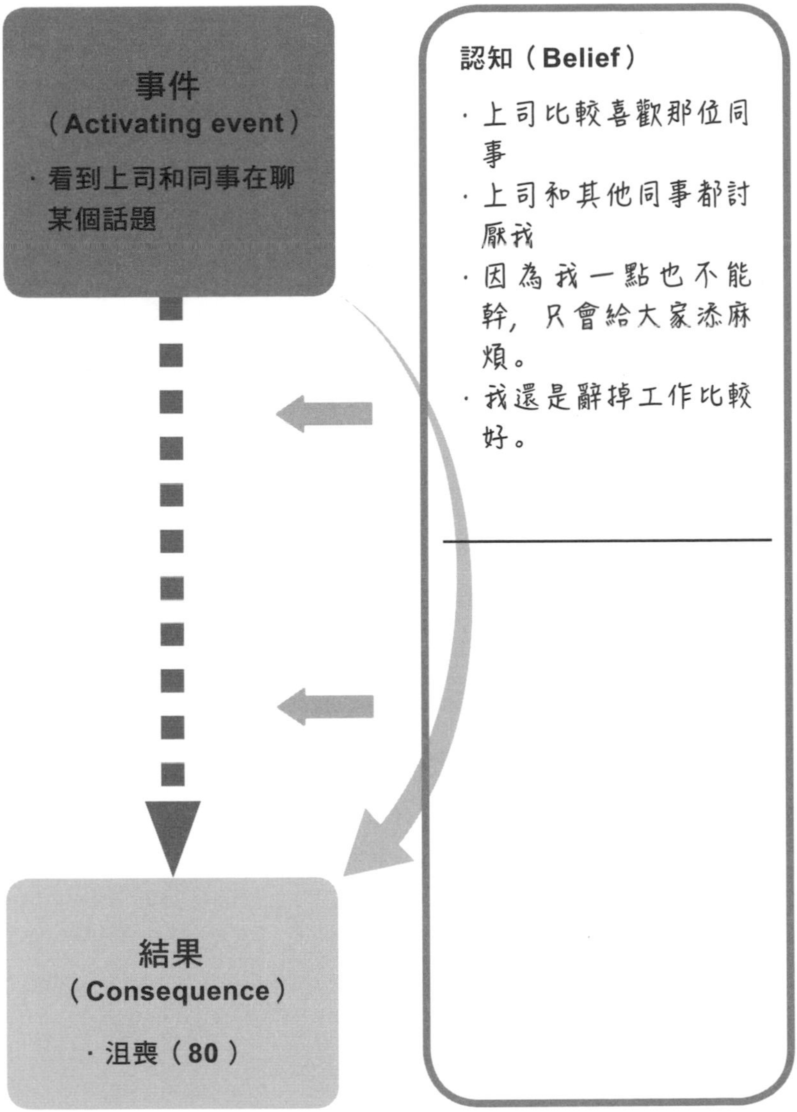
事件
（Activating event）
· 看到上司和同事在聊某個話題
認知（Belief）
· 上司比較喜歡那位同事
· 上司和其他同事都討厭我
· 因為我一點也不能幹，只會給大家添麻煩。
· 我還是辭掉工作比較好。
結果
（Consequence）
· 沮喪（80）

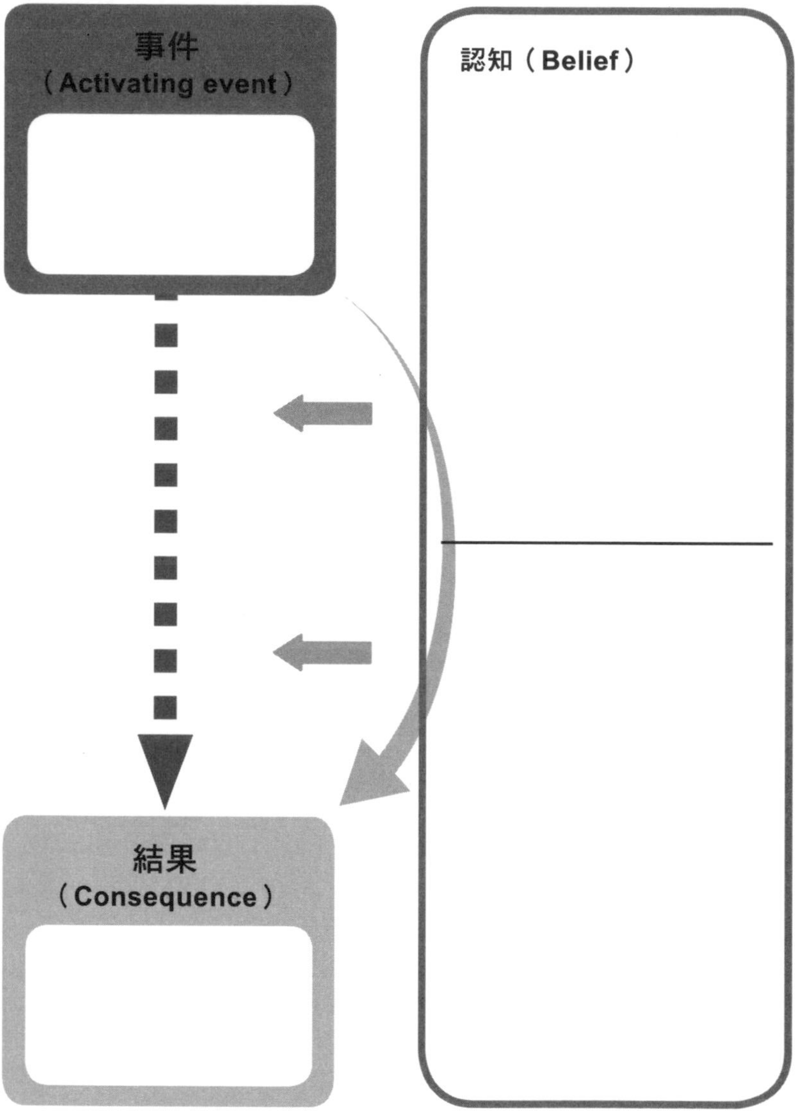
事件
（Activating event）
認知（Belief）
結果
（Consequence）

認知行為治療法很推薦把腦中浮現的認知、思考、想法都用文字具體地寫下來。重點在於回想一件最近發生的具體事件，然後寫下來。

如果腦海中浮現很多個場景，可以把圖表印下來，一件事情寫一張。與其在腦中想東想西，不如把想法化為文字寫在紙上。這樣會比較容易客觀地檢視，所以請準備好紙張或筆記本。

認知行為治療法並不是在審視你的人格，而是把你腦中的想法抽取出來，讓自己像研究者一樣閱讀寫在紙上的文字和文章。

即便發生了令你悲傷的事情，也要像在看電影一樣，把自己和事件切割開來，站在客觀的角度觀察。

譬如說：「啊，那個時候我絕望到像世界末日來臨一樣大哭呢。」

請放心，心理師會陪伴著你，讓你可以從客觀角度驗證自己的認知和情緒。

讓我們回到「列表法」（ABC理論）的說明。

如果你的思考方式讓自己感到痛苦，你會不會想改變這種思考方式呢？

只要改變思考方式，沮喪或不安、憤怒等情緒也會隨之改變。該怎麼改變呢？我們一起來試試看吧。

首先，我們再次詳細審視A先生的「認知」。

我想一一檢視這些認知的內容。

檢視的重點，在於冷靜判斷「內容是否為真」，所以我們要再次閱讀剛才寫下的句子。

既然現在已經冷靜下來，如果心中有什麼話浮現，請一併寫出來。

或者是想像當你的思考方式讓自己痛苦時，你最重要的人會對你說些什麼。

或者是想像自己崇拜的人物如果遇到相同的事情，會有什麼想法。要用不同方式表達自己的想法，或許有點困難，不過如果想成是自己能信賴的人，就會比較容易浮現適合的認知了。

A先生冷靜下來之後，看著自己寫下的「認知」。結果，他發現自己有些地方說得太過分、太妄自論斷了。因此，他修改了一些內容。

修正後的認知

「其實自己並不知道上司是不是真的比較喜歡同事。」

「說不定只是我自己擅自論斷。」

接著，他想起平時都會傾聽自己心聲的朋友。寫下如果是這個朋友的話，應該會這樣說——

修正後的認知

「被上司討厭也無所謂。」

「至少我還有願意聽自己傾訴的朋友。」

「我覺得被討厭只是自己想太多，根本沒有證據。」

而且，他想著在職場上不斷努力的自己，試著寫出以下的話。

緩慢而冷靜地，以「事實真的如此嗎？」的角度回顧，意外地浮現很多想法。

修正後的認知
「我一直很小心不要在工作上犯錯。」
「我已經盡自己最大的努力了。」
「我還有支持自己的朋友。」
「反正任何時候都可以辭掉工作，那就再努力一下吧。」

當腦中完全沒有任何想法的時候，就從「如果是別人的話會說些什麼」的角度來思考。

除此之外，也可以把這件事當成是別人的困擾，而不是自己的。如果別人也有一樣的困擾，自己會給什麼建議，用這種方式思考也不錯。

「即便不完美，一點一點慢慢嘗試就好」、「人生只要及格即可」，像這樣稍微客觀、冷靜地想想看，試著找尋其他思考方式吧。

這種「客觀角度」就是認知行為治療法的精隨。

當你沒有任何想法的時候，就可以像「會不會失敗，不試試看怎麼知道」一樣，把事件的描述換成「~不試試看怎麼知道」。如果腦中浮現「修正後的認知」，就把腦中的自言自語寫下來，重新寫出其他思考方式。

接著，請發出聲音讀出寫在紙上的文字。

譬如說：「會不會失敗，不試試看怎麼知道」、「即便不完美，一點一點慢慢嘗試就好」。

因為和自己平時的思考模式不同，所以你可能會覺得很奇怪。一開始可能很難接受，但這很正常。

「雖然腦中很明白，但是沒有辦法由衷這麼想。」

沒錯。**你過去的思考模式，即便會讓自己感到痛苦，但你已經習慣了，所以會覺得很自然。就算新的思考方式比較合理，但是因為你不習慣，所以會覺得很奇怪。**因此，會覺得「很不習慣」是正常的。

你只要了解「總之，思考方式能這樣改變」就夠了。

認知行為治療法就是改變思考方式的訓練。剛開始或許會不習慣用頭腦思考，但是透過反覆操作改變想法的流程，自然而然就能學會。我們先一起嘗試，直到你可以自己完成為止。

那麼最後我們就來全面檢視A先生的圖表吧。

先閱讀最初的「事件」。

然後跳過「認知」的部分，直接閱讀「修正後的認知」。

像這樣思考的時候，你會產生什麼樣的情緒呢？情緒的強烈程度大概會落在哪裡呢？

可能會有人覺得「比剛才稍微好一點」、「冷靜下來了」。

假設剛開始感受到的「沮喪」有80分，那現在變化的程度有多少呢？以A先生的情況來說，「沮喪」的情緒減輕至30分了。

像這樣觀察主觀情緒的程度之後，就知道「沮喪」的情緒從剛開始的80分減輕至30分。

認知行為治療法並不會因為改變思考方式，就讓負面情緒完全消失歸零。改變思考方式之後，大部分的情況是會變得比之前好一點或是稍微減輕沮喪的感覺，心情變得比較輕鬆。

認知行為治療法的目的並不是要完全消除情緒沮喪或不安，而是幫助你減輕沮喪的程度。

學會認知行為治療法的人，經常會說「我已經不害怕沮喪了」。因為即便發生令人沮喪的事情，也知道只要改變思考方式就能減輕沮喪感，所以能在短時間內恢復或者是減輕沮喪的程度，甚至減少感覺沮喪的頻率，這就是認知行為治療法的功效。

事件
（Activating event）

・看到上司和同事在聊某個話題

認知（Belief）

・上司比較喜歡那位同事。
・上司和其他同事都討厭我。
・因為我一點也不能幹，只會給大家添麻煩。
・我還是辭掉工作比較好。

認知（Belief）

・其實自己並不知道上司是不是真的比較喜歡同事。
・說不定只是我自己擅自論斷。
・至少我還有願意聽我傾訴的朋友。
・我覺得被討厭只是自己想太多，根本沒有證據。
・我一直很小心不要在工作上犯錯。
・我已經盡自己最大的努力了。
・我還有支持自己的朋友。
・反正任何時候都可以辭掉工作，那就再努力一下吧。

結果
（Consequence）

・沮喪（30）

另外，認知行為治療法很推薦家庭作業（homework）這種在家裡回顧自我認知、行為與改變的練習。

並不是只有在諮商室裡和心理師對話，才是在做認知行為治療。諮商室只是一個空間，讓心理師和患者一起回顧家庭作業的內容，由心理師給予回饋並討論下一個課題。

認知行為治療法就是一種讓你學習如何控制自己情緒的訓練方法。

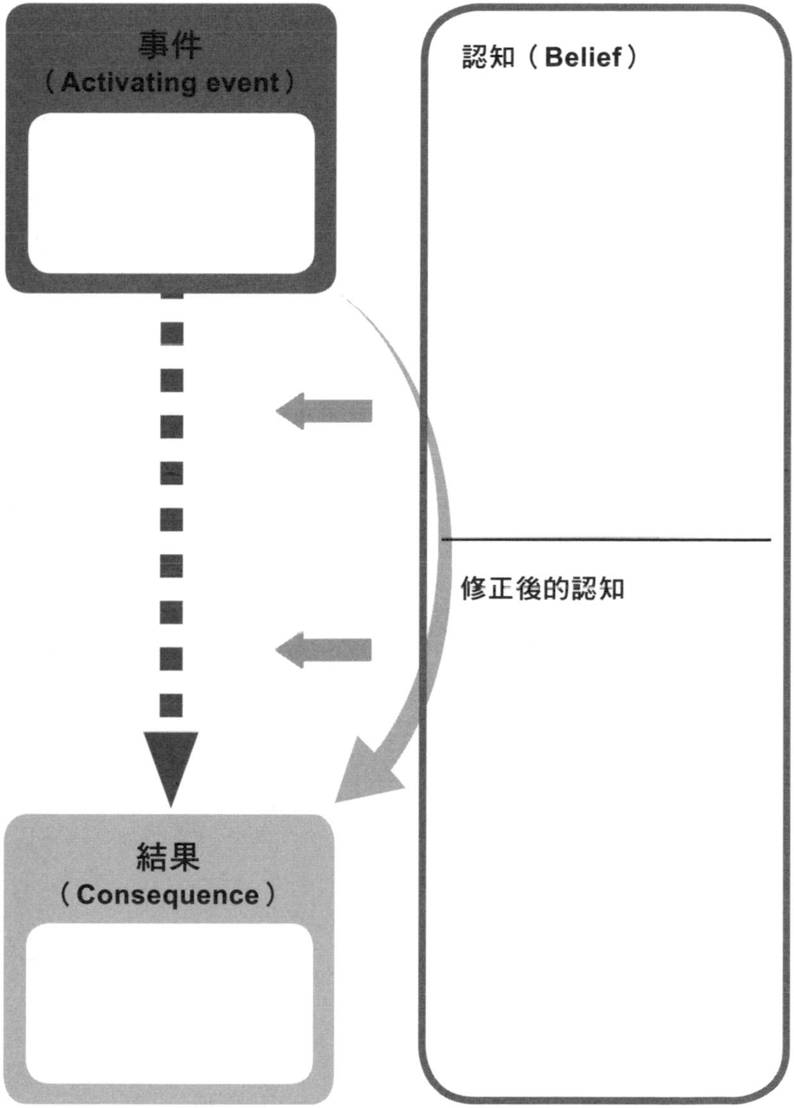
事件
（Activating event）
認知（Belief）
修正後的認知
結果
（Consequence）

「社交恐懼症」——同時改變思考方式與行動

應該有很多人「不敢面對在別人面前等受矚目的場合說話」、「不敢在別人面前吃飯」吧。

在別人面前難免會緊張，但是社交恐懼症會讓人感到強烈的恐懼和不安，使得患者無法過正常的日常生活。

有人只要被看到自己吃飯的樣子，就會緊張到吃不下，或者極度害怕在別人面前吃飯這件事。有人害怕和別人視線相對，覺得「一直被別人盯著看」；也有人是不知道自己該看哪裡，擔心「自己的眼神可能會讓對方覺得不愉快」。有人會在別人面前或異性面前等特定場景感到緊張，然後滿臉通紅。有些人會為了避免這種症狀而不去人群聚集的地方。（關於臉紅症，會在212頁詳細說明。）

除此之外，也有人因為緊張而全身冒汗。

在我心目中，社交恐懼症就像憂鬱症和恐慌症一樣，都是非常常見的疾病，但是有不少患者都會說：「我以為只有自己有這種煩惱。」尤其是青春期到青年期之間的年輕世代，有很多這種案例。因為這個時期，剛好是最在意別人眼光的時候。

拒絕上學的孩子之中，也有人罹患社交恐懼症。因為在意他人眼光而不進教室，或者是不敢參加學年集會等在體育館聚集很多人的場合。除此之外，還有放屁恐懼症。有時候是「感覺剛才放屁了」，也有時候是「真的放了一點屁」。

雖然隨症狀不同有各種稱呼，但是這種**「害怕可能會被別人注意」，因此感到不安或恐懼的症狀，都統稱為「社交恐懼症」**。不久之前這種症狀被稱為「人群恐懼症」，或許有些人會覺得這個稱呼比較熟悉。

社交恐懼症的認知模式幾乎都是「要是別人覺得我很奇怪怎麼辦」、「我不想被當成笨蛋，太丟臉了」。

大學生M同學一進諮商室手上就緊握毛巾，說話的時候汗水從脖子一直滴下來。因為高中時期被霸凌，所以她非常在意別人的眼光，一緊張就會大量流汗。襯衫的腋下和背部甚至因為汗水而變色。

M同學很怕主持研究室的教授。認真又努力的她，總是很拚命讀書，雖然沒有直接被教授點名，但是光看到教授高壓的態度就會讓她覺得緊張，導致她連聲音和手都會發抖。

光是在學校附近的車站下車，走到學校的路上，幾分鐘的時間就會汗流浹背。而且，她又很在意別人看到她流這麼多汗不知道會怎麼想，所以就陷入惡性循環。

在認知行為治療面談的時候，M同學試著傾聽平時經常浮現在腦海中的聲音。

結果，發現自己的認知經常是「別人一定認為我很廢」、「大家一定覺得我很笨」、「我總是流那麼多汗，其他人會不會覺得我很奇怪」、「要是不順利的話怎麼辦」、「要是被那個教授罵一定很恐怖」。

因此，我請她用三列表法，寫出「事件」、「認知」、「情緒」（結果）。

事件

從車站走到學校時流了很多汗

認知

・流這麼多汗，別人會不會覺得我很奇怪

・好丟臉

・為什麼只有我這麼慘

・盡量不要讓路人發現

・低調一點，盡量不要被發現

情緒

丟臉（90）

緊張（80）

接著，待M同學冷靜下來回顧之後，我問她會對正在緊張的自己說些什麼。

結果她腦中浮現「其實周遭的人並沒有像自己想像的那樣發現自己在流汗」、「有攜帶型的電風扇吹著，所以沒關係」、「就算滿身大汗，也不會有人覺得奇怪」、「只要自己面不改色，周圍的人就不會發現」等想法。

我請她立刻寫下腦中浮現的想法。

然後客觀地回顧「事件」，發出聲音朗讀剛才寫下的「修正後的認知」。

當我問她，朗讀「修正後的認知」時有什麼感覺，她回答我：「我覺得好一點了。」而且「丟臉」和「緊張」的感覺都降到30分。

我們來把這一連串的流程統整一下吧。

事件

從車站走到學校時流了很多汗

修正後的認知

．其實周遭的人並沒有像自己想像的那樣發現自己在流汗

．有攜帶型的電風扇吹著，所以沒關係

．就算滿身大汗，也不會有人覺得奇怪

．只要自己面不改色，周圍的人就不會發現

情緒

丟臉（30）

緊張（30）

實踐三列表法之後，實際體會到只要改變自己的思考方式，丟臉、緊張等情緒就能變得「好一點」，這讓M同學覺得非常吃驚。她笑著說：「這樣寫出來之後，就能釐清自己腦中的想法，變得很清晰。真的感覺比較輕鬆了。」

因為M同學已經掌握到三列表法的訣竅，所以我請她再想一個例子。

M同學對專題討論那段時間感到很不安。專題討論的時候學生會依序發表研究主題。但是，問答時的教授指導時間最讓人心煩意亂。仔細一問才知道，老師的指導內容雖然很恰當，自己也能接受，但是老師說話的音量很大、表情很嚴肅，所以讓她覺得很恐怖。

不僅如此，其他學生接受指導的時候，她會像自己被罵一樣感受到強烈不安。

我請她寫下這種時候腦中浮現的自言自語。

內容大概像這樣：

事件

教授在研究室指導其他學生

認知

・要是說話的時候發抖怎麼辦

・如果流很多汗，大家就會覺得我很奇怪

・說話不用這麼嚴厲吧

・我會不會也像那樣被罵

・在大家面前被罵的話很丟臉

情緒

不安（90）

焦躁（70）

這次我一樣問她，冷靜下來回顧之後，會對自己說什麼？她想不到要說什麼，所以我繼續追問：「如果是妳信賴的朋友或家人，會對妳說什麼？」

結果她成功說出：「就算聲音顫抖，只要能讀完資料就沒問題」、「就算流汗，周圍的人也沒有像自己想像的那樣在意」、「老師只是說話大聲了一點，不是真的生氣，所以沒關係」、「老師原本就是那個長相，並不是在生氣」、「老師指導的內容是能夠接受的，其實老師是為學生著想才會這麼說」、「我發表的時候老師可能會有意見，但是大家都一樣，所以不用在意」。

當我詢問她，換個幾角度思考之後有什麼感覺，她告訴我「心情變輕鬆了」、「沒有那麼焦躁了」，出現情緒上的轉變。

我立刻請她填寫表格。

事件

教授在研究室指導其他學生

修正後的認知

・就算聲音顫抖，只要能讀完資料就沒問題

・就算流汗，周圍的人也沒有像自己想像的那樣在意

・老師只是說話大聲了一點，不是真的生氣，所以沒關係

・老師原本就是那個長相，並不是在生氣

・老師指導的內容是能夠接受的，其實老師是為學生著想才會這麼說

・我發表的時候老師可能會有意見，但是大家都一樣，所以不用在意

情緒

不安（20）

焦躁（0）

像這樣回顧「如果是現在的自己，可以對當時的自己這樣說」或者「值得信任的家人（M同學想到的是姊姊）或朋友，會對自己說什麼」，就會比較容易以客觀的角度浮現新的想法。

既然現在已經掌握的改變思考方式的訣竅，接下來就可以嘗試改變行為。

M同學因為不想在別人面前丟臉，所以在生活中竭盡全力保持低調。她很在意自己流汗這件事，所以經常帶著攜帶型電風扇，手裡總是緊握毛巾。不過，聰明又認真的M同學，其實很想大大方方地發揮自己的能力。在引導認知行為治療的時候，我曾問她「想成為什麼樣的人」，她回答「能夠大方說出自己的意見」、「能夠在日常生活中不在意流汗或手抖」。

認知行為治療法的思路，並不是在症狀改善之後，就能按照患者所願行動。認知行為治療法的切入方式是即便症狀沒有消失，也要實踐自己想做的事。

M同學的家庭作業，就是即便流汗、手裡握著毛巾，也要試著在專題討論的時候發表自己的意見。

一開始可以用「我覺得很好」或者「我也有一樣的想法」這種短句，在同學發表的時候提出意見。

接著，M同學決定練習發表自己的報告。剛開始是和姊姊一對一練習。之後再請高中時期就熟識的朋友幫忙，練習發表研究報告。

而且，無論什麼時候，她規定每天都要稱讚自己。

也就是說，她用認知行為治療法，同時實踐改變思考方式與行為這兩件事。

結果，M同學成功發表了自己的研究報告。雖然還是手裡握著毛巾，但是擦汗的次數減少很多。

「強迫症」——不要做到完美，而是「做到差不多就可以了」

因為擔心門窗沒關好、瓦斯爐沒關，回家確認好幾次；沒有數完數字就覺得渾身不對勁；如果沒有按照自己的規則行動就會衰一整天；無法抑制自己心中的衝動，擔心自己會在不知不覺中犯罪；為了不感染細菌或病毒而徹底洗手或消毒……。

你是不是被說中了幾項呢？

我想大家或多或少都會被說中其中幾項，但是如果因為不斷重複確認相同的事情，導致浪費大半天的時間，那就有可能是強迫症了。

強迫症主要包含「強迫觀念」和「強迫行為」。強迫觀念指的是即便知道自己無能為力，還是會一直去想那件事。

譬如說被「自己要是不自覺地偷了東西怎麼辦」、「如果自己大聲說出下流的話怎麼辦」、「如果出現奇數（偶數）的話就會不幸」等自己心中的想法束縛，無法隨心所欲生活。

另一方面，強迫行為指的是沒辦法不做某些事。

譬如說不斷確認有沒有鎖門、有沒有關火，直到出發為止需要花很多時間；只要碰到東西就要洗手消毒，所以手乾燥到會脫皮，甚至影響到生活。

這些症狀的背景和「認知」有關。

也就是說，患者會採取「發生火災不但會燒掉自己家，還有可能會禍及鄰居，影響到很多人」、「家裡如果遭小偷，不只會被亂翻，小偷也有可能潛伏在家裡，對孩子造成危害」這種放大受害範圍的方式，認為不只自己受害，還有可能牽連周遭的人，所以才會引起症狀。

除此之外，平時越是正經的人就越害怕「如果因為不自覺地說出大便、尿尿這類平常不常說的話，而被周遭的人蔑視怎麼辦」這種降低他人對自我評價的情形。

還有人會因為自己養的貓剛好在四月過世，所以深信每逢有四的日子或者四月一定會發生不好的事。把過去發生的事情連結到吉不吉利的想法，也可能是引發強迫症的起因。

為了治療強迫症，首先要詳細了解強迫症本身。

有潔癖的人，會想要打造出「完美的」清潔狀態。因為試圖把完美的清潔狀態或場地當成「聖域」保護，才會讓症狀變得更強烈。

有潔癖的人思考習慣也採用「非黑即白、不是零分就是滿分」的認知模式。因此，為了改善潔癖，就需要打造出「非黑即白」之外的「灰色地帶」。也就是說，要漸進式地「汙染」原本保持清潔的聖域。

有確認強迫症的人，因為太要求「絕對沒問題」當中的「絕對」，所以無法停止反覆確認。因此，需要練習接受「不知道到底有沒有問題」的狀態。雖然過程會讓人覺得很煩躁，心情上也會很不安，但是只要理解強迫症發病的機制，就會想要嘗試練習了。「不知道到底有沒有問題」、「萬一發生什麼嚴重的事情，自己必須負責」這種狀況都會讓人很不安，對吧？因此，你才會為了「逃避」這種不安狀態而不斷確認。然而，無論確認多少次，都沒辦法斷言「絕對」沒問題。所以我們要練習，確認到某個程度之後，就要在「應該沒問題」或者「大概沒問題」這個程度妥協。

這種練習反過來說，其實就是在練習不「逃避」，而是接受「萬一發生很嚴重的事」的不安。不安的情緒依然保持不變，但是「雖然很不安，但這次總算平安無事」的結果會讓人變得有自信，也就能漸漸減少強迫行為了。

如果你有強迫症的症狀，請和我一起回顧你會在意哪些事情吧，然後再進一步確認其背景和什麼樣的認知有關聯。

其中可能會有人覺得，要是說出來的話，害怕的事情就會成真，所以絕對不能說，更不要說用寫的了。

不過，如果你了解我接下來要傳達的「暴露與反應預防療法」，一定就能說出口，也會想試著寫在紙上了。

暴露與反應預防療法

「暴露與反應預防療法（Exposure and Response Prevention, ERP）」是強迫症的代表性治療法。這是認知行為治療法的一種，據說防止再度發病的效果很好。

這種行為療法講求接受強迫觀念帶來的不安，但是不去執行那些強迫行為，就這樣放著不管。

譬如說，碰到覺得髒的東西也不去洗手；即便擔心門窗也照樣外出，不要為了確認門窗有沒有鎖好而回家。

只要持續執行下去，強烈的不安就會減弱，最後變成即使不執行那些強迫行為也沒關係。

想要執行確認或洗手等強迫行為的狀況，稱為「觸發器」。觸發器就像手槍的板機，是引發症狀的契機。

有潔癖的S先生，從外面回家的時候，從來不會用手直接接觸門把。

S先生會隔著手帕開門，然後手帕也不能接觸家中的任何一個地方，直接送進洗衣機。

回家之後，他會洗手吃飯，吃完飯也要洗手。因為家人也會使用電視遙控器，所以每次按完遙控器都要去洗手。智慧型手機則是包著保鮮膜使用。

因為洗手的次數太多，導致手非常乾燥，手掌又紅又脫皮。

洗完澡之後，他不會碰觸家裡的所有物品，

直接前往寢室。寢室是S先生的「聖域」。

年紀小的弟弟在沒有惡意的情形下進入S先生的寢室，讓他怒火中燒。接著他把整個房間消毒，並且重新洗了一次澡。

最近他對家人的要求越來越多，導致家人也很疲憊。

強迫症的特徵就是容易牽連家人。如果是確認型的強迫症，會覺得只有自己確認有沒有關火很不安心，所以會想要讓家人也一起確認。

如果是潔癖的話，強迫家人也要保持清潔的行為也會越來越嚴重。

因此，處理強迫症的時候，向家人說明治療的方式也非常重要。

為了「逃避」不安與責任，患者往往會要求家人執行相應的行為，所以我會請家人不要回應患者本人的要求。即便患者要求一起洗手，家人也要控制在回家和餐前各洗一次的範圍內。

如果患者詢問：「我沒有說什麼奇怪的話吧？」家人也不要回答：「沒有啊。」

而是平靜地告訴患者：「我們不是已經說好，不跟家人確認這種事了嗎？」家人也不需要強迫患者停止洗手的行為，或者不分青紅皂白否定患者心中的強迫觀念。雖然明白那些是非常不切實際的煩惱，但是患者本人非常痛苦。我希望家人可以一起守護願意面對並改善症狀的患者。

話說回S先生，他已經對保護聖域的生活感到非常疲憊。因為會經常和家人吵架，隨時處於緊繃狀態，所以他真的很想改變這種生活。

因此，他決定實踐認知行為治療法中的「暴露與反應預防療法」。

首先，必須將聖域的優先順序整理成一張表。以SUD（主觀困擾評量）的方式將「弄髒了會覺得不舒服的程度」化為「不愉快指數」。

S先生認為，最重要的是棉被（100）。接著是衣櫃裡面（90）、寢室整體（80）、餐桌上自己的座位（70）。接著是和家人共用的部分，浴室（40）、更衣室（35）、客廳和餐廳（30）、廁所（10）、玄關（5）。

接著，再整理會讓他想洗手的場景。

統整結果是這樣的——接觸玄關門把（100）、接觸報紙、信件、包裹等外面拿進來的東西（90）、接觸電視遙控器（80）、接觸家人坐著的沙發（60）、接觸智慧型手機（40）、接觸包著保鮮膜的智慧型手機（10）。

了解強迫症發病機制的S先生，剛開始雖然很抗拒汙染自己視為「絕對領域」的寢室，但是洗手這件事已經讓自己的手過度乾燥導致不舒服，所以他下定決心採用「暴露與反應預防療法」這個治療方法。

首先，我請他也像你一樣，具體寫出「自己想成為什麼樣的人」。

S先生寫下「想和普通人一樣」，所以我進一步追問，最後他寫下：「想和普通人一樣，不洗手也覺得沒關係，治好手部的乾燥脫皮，不和家人吵架。」

後來，S先生漸漸認為：「我雖然很討厭弄髒自己，但是一般人並不會覺得髒。既然我想變成普通人，就不能一直洗手。」

他先從不愉快指數最低的「包著保鮮膜的智慧型手機」開始接觸。雖然會感到「很髒」、「很噁心」，但是不會去洗手。保持不洗手的狀態，在客廳或餐廳活動。然後，嘗試把家裡的汙染範圍擴大。當然，心裡還是會有想洗手的衝動，但是他一直告訴自己「普通人不會因為碰到手機就去洗手，所以我也不能洗」，就這樣忍住洗手的衝動。

過一段時間之後，他的想法變成「剛接觸手機的時候覺得很髒，但是隨著時間過去，感覺骯髒的程度也減輕了」。有這樣的想法之後，就漸漸不再覺得髒，接觸手機或遙控器後也可以不用洗手。

雖然沒辦法坐在沙發上，但是至少可以接受碰觸沙發。這個時候的他，手部的乾燥已經獲得改善，皮膚變得光滑。

那麼接下來就要開始汙染聖域了。

接觸過手機之後，仍然繼續在客廳或餐廳活動。坐在屬於自己的餐桌座位上，觸碰餐桌周圍，漸漸擴大汙染的範圍。一旦被汙染，聖域就不再是聖域，不需要那麼努力保持清潔也無所謂。雖然用沾染髒汙的手去觸碰餐桌很需要勇氣，但是當聖域崩塌之後，反而覺得很輕鬆。

因為不再需要花很多時間清潔家中空間，S先生得到許多自由時間。我問他：「有什麼想做的事嗎？」他回答我：「想讀書。」後來，S先生也如願進入函授制大學讀書。

第 3 章

實踐技巧篇

提升認知行為治療法的效果

靠「後設認知」客觀掌握自己的認知狀況

截至目前為止，我已經傳達了各種認知行為治療法，你實踐了多少呢？如果你仍然認為「認知行為治療好難懂」、「認知行為治療進行得不順利，應該不適合我」，我會在這裡提供一些幫助你順利常識認知行為治療的小秘訣。

在臨床治療上，長時間持續實踐認知行為治療法之後，我發現幾個容易碰到瓶頸的重點。

在碰到這些瓶頸的時候，心理師會如何陪伴、協助患者呢？

無論是誰，初次嘗試陌生的事物都會覺得不安。尤其是認知行為治療法是必須挑戰自己不擅長的事，尋找自己的思考習慣，所以需要一個引導員在身邊告訴你「這樣也沒關係喔」。

「發現自己的思考習慣，學習新的認知行為模式時，難免會覺得很奇怪」。但是，不了解這一點的人會產生誤解，認為「總覺得很奇怪，一定是自己不適合認知行為療法」。然後，因此中途放棄。

其實有很多人會用悲觀的角度思考：「修正思考方式之後，又會出現其他念頭」、「想法好不容易變得比較合理，但是下一個瞬間又出現負面思考」、「我做什麼都不順利」。這種情況在認知行為療法當中也很理所當然。

認知與思考，原本就是會自動冒出來的東西。即便沒有刻意去想，或者是在認為自己已經「順利修正想法」之後，也會出現其他念頭。然而，不了解這一點的人，大多會認為「這樣就是不順利」並因此感到沮喪。

沒問題的，不是只有你覺得不順利喔。剛開始的時候，經常會有這種情形。

我試著整理出初次嘗試認知行為治療法的人，經常會有的疑問。

認知模型的四大要素

你還記得認知模型的四大要素嗎？（請參照第41頁）我們在「環境」之中會產生各種反應，這些反應可以分成「生物反應」、「情緒」、「行為」、「認知」等四大類別。這裡的重點在於區分並整理情緒與認知。大部分的人聽到「請寫下你的情緒」時，都會寫出屬於認知的部分。

譬如說在情緒這一欄寫下：「什麼嘛！這個傢伙，這點小事不會自己做啊！他讓我覺得很火大。」

這個時候可以區分出「他讓我覺得很火大」屬於情緒，而「什麼嘛！這個傢伙，這點小事不會自己做啊！」則屬於認知。

不過，剛開始把情緒與認知混為一談很正常。因為大家在國小的作文課，都碰過〈請寫下你的心情〉這種作文題目，但是從來沒有寫過〈請寫下你的認知〉對吧。不是只有你覺得不習慣，大家剛開始都會覺得很困惑。

突然一瞬間浮現的想法，冒出擔心會不會發生什麼壞事的畫面，或者心中的喃喃自語，這些都稱為「認知」。認知會在不知不覺中出現，所以又稱為「自動思考」。即便沒有刻意去想，也會突然浮現的就是「認知」。我們就先從了解認知開始吧。

後設認知

思考自己的「認知」，就稱為「後設認知（Metacognition）」。Meta 具有「多層的」含意。雖然平常不會注意到，但其實我們對事物的認知有很多層面。想像自己心中存在好幾個擁有不同觀點的自己，或許會比較容易理解。

嘗試以冷靜客觀的立場，重新審視自己的想法。我經常用靈魂出竅來比喻，請想像你隔著一段距離，看著另一個自己正在思考的樣子。

假設有一名男子因為不安和緊張而煩惱。這名男子在腦中想著「在很多人面前發表的話，有可能會失敗啊」，而這種認知讓自己感到不安，但是因為他身處於不安的漩渦之中，所以無法察覺這一點。因此，他決定從客觀的角度來觀察自己的認知。結果，他發現「有可能會失敗啊」的想法造成自己不安。

這就是後設認知。

用後設認知的方式客觀掌握自己的認知，就會發現——

「啊，我現在認為反正別人都無法理解我」，或者是發現——

「啊，我的呼吸又淺又急。因為怕說謊被拆穿，所以很緊張」等自己的身體反應。

認知自己的認知。

認知行為治療法就是培養後設認知的訓練。只要學會後設認知，即便遇到一點小意外，也能夠冷靜應對。

話雖如此，應該有不少人第一次聽到後設認

知道這個詞彙，心想：「我完全聽不懂這是在說什麼。」

沒關係喔。

我知道一個能夠順利應用後設認知的訣竅，請容我繼續說明。

這個訣竅就是用「引號」自言自語。

假設你覺得很煩躁。那個瞬間，你已經在腦中開始喃喃自語：「竟然把我當成笨蛋！少瞧不起人了！」

這就是「自動思考」，也是一種瞬間的認知反應。

那麼請你試著在這個「自動思考」加上引號。

具體的作法是在「自動思考」之後加上「……其實我有這種想法」。

也就是像這樣──

「『竟然把我當成笨蛋！少瞧不起人了！』其實我有這種想法。」

用這種方式去做即可。

只要加上引號，焦躁的程度就會稍微減輕。有些句子可以用來表達情緒投入的狀態，譬如「沉浸於悲傷之中」、「憤怒讓人忘記自我」。當你想著：「那傢伙一定把我當成笨蛋了。他一定跟其他人一起說我的壞話、嘲笑我。不可原諒。我絕對不原諒他。」

其實這個時候你已經沉浸於憤怒的情緒之中，甚至到了忘我的境界。

被捲入情緒的漩渦之中，會覺得自己腦海裡的想法和想像已經在現實世界中發生。在自己的情緒漩渦中翻滾，呈現溺水的狀態。

「沒有人懂我。現在的我根本沒辦法好好工作。沒辦法結婚，更不用說生養小孩了。接下來的日子，我會孤單地死去，在沒有人發現的狀態下腐爛。」

這種悲觀的想像不斷循環，會讓人覺得自己想像的未來真的會到來，讓悲觀的想法越來越嚴重。甚至會出現「這種人生活著還有意義嗎？是不是應該現在就畫下句點呢？」之類更悲觀的念頭。

越想就越容易陷入漩渦之中，當漩渦的轉速越來越高，人也就被深深捲入漩渦的中心了。

像這樣被捲入自我情緒的漩渦之後，會連該怎麼擺脫憤怒或悲傷都不知道。

這種時候，請試著發現自己已經深陷於情緒的漩渦之中。

「啊，我現在已經開始落入無限循環的思考之中了。」

一旦發現這個事實，那一瞬間就能脫離情緒的漩渦，從客觀的角度審視自己。然後，從沉溺的狀態回過神來。

「直到前一刻為止，我有很長一段時間都被悲觀的思考支配呢。」

「覺得對方不可原諒，代表我真的很不甘心啊。」

如果能像這樣客觀地回顧自我認知，也就是能夠做到「後設認知」，那麼你就能搭上觀光船，從安全的地方眺望漩渦了。

沒錯，就是從遠處眺望你剛才沉溺其中的漩渦。

如果能做到思考自我認知的「後設認知」就萬事大吉了。

寫「行為紀錄表」——自我監控的重要性

持續實踐認知行為治療法一段時間之後，會漸漸能夠控制自己的情緒。為了做到這一點，就需要了解自己的「思考習慣」和「行為模式」。

你什麼時候會感到不安呢？什麼時候會容易感到沮喪呢？

請試著客觀地審視你原本以為了解的認知行動模式吧。

方法很簡單，只要把每天的行為都寫在「行為紀錄表」內即可。

早上幾點起床，吃早餐、打扮、出門。吃午餐、睡午覺、看電視，傍晚出去散步，吃晚餐、洗澡、就寢之類的。按照時間軸，列表記錄自己的行為。

然後在下面的欄位寫出自己當天的感受或想法。

為什麼要寫行為紀錄表？

開始記錄之後就會有很多發現，例如心情有時候會隨天氣或星期而改變。你也有可能會發現自己因為某件事而情緒失落。像這樣每天記錄，就能夠**客觀地看待自己的行為或思考，這就是行為記錄表的優點**。

當然，失眠或日夜顛倒的人也可以單純用來記錄行為。恐慌症患者也可以記錄實踐「曝光法」的經過。

有人說自己失眠「晚上都睡不著」，但是透過行為記錄發現自己白天會睡午覺。

還有遊戲成癮的男子，透過實踐行為記錄發現自己一天之中有大半的時間都在玩遊戲，因此改變自己的行為。

觀察自我行為、情緒、思考，稱為「自我監控」。

自我監控的目的在於記錄為達成目標的經過，然後從客觀的角度驗證。

透過記錄行為，就能發現自己的變化或「思考習慣」。寫下紀錄能讓自己的行為清晰可見，因此可提升動力，有助擬定下一個目標。

記錄自己一步一步達成目標、得到新發現、為了解決問題而努力的經過，也能夠提升自信，獲得自我肯定。

行為紀錄表的第一個範例，是一位經常因為想著「如果～的話怎麼辦」而感到不安的女性。

在寫記錄表之前，她總是在不知不覺中開啟「如果」模式，隨時處於擔心的狀態。譬如說看到網路新聞上報導的搶劫事件，她就會把案件套在自己身上，認為「如果搶劫犯來到這個鎮上，自己就可能會被搶」而變得不安，然後因為「外面很危險所以不要出門比較好」就把自己關在家裡。即便什麼都不做，一想到「如果以後父母都離開人世，剩下我一個人怎麼辦」就會悲傷到什麼事都做不了。

行為紀錄表 自我監控

以強烈不安的女性為例

<table>
<tr><th>時間</th><th>/ ( )</th><th>/ ( )</th><th>/ ( )</th><th>/ ( )</th><th>/ ( )</th><th>/ ( )</th><th>/ ( )</th></tr>
<tr><td>6 點</td><td></td><td></td><td>起床</td><td>起床</td><td>起床</td><td>起床</td><td></td></tr>
<tr><td>8 點</td><td>起床</td><td></td><td>早餐</td><td>洗澡</td><td>早餐</td><td>早餐</td><td></td></tr>
<tr><td>10 點</td><td>早餐</td><td>起床</td><td></td><td></td><td colspan="2" rowspan="4">看網路上的資訊，
差點陷入
「如果～」的想像</td><td></td></tr>
<tr><td>12 點</td><td>午餐</td><td>早午餐</td><td>午餐</td><td>午餐</td><td></td></tr>
<tr><td>14 點</td><td>讀書</td><td></td><td></td><td></td><td></td></tr>
<tr><td>16 點</td><td>散步</td><td>散步</td><td>散步</td><td>散步</td><td></td></tr>
<tr><td>18 點</td><td>晚餐</td><td></td><td></td><td>晚餐</td><td></td><td></td><td></td></tr>
<tr><td>20 點</td><td>看電視</td><td>晚餐</td><td>晚餐</td><td>洗澡</td><td>晚餐</td><td>晚餐</td><td></td></tr>
<tr><td>22 點</td><td>洗澡</td><td>洗澡</td><td>就寢</td><td></td><td>洗澡</td><td>看電視</td><td></td></tr>
<tr><td>24 點</td><td>閱讀</td><td>就寢</td><td></td><td>就寢</td><td>閱讀</td><td>閱讀</td><td></td></tr>
<tr><td></td><td>就寢</td><td></td><td></td><td></td><td>就寢</td><td>就寢</td><td></td></tr>
<tr><td></td><td></td><td></td><td></td><td></td><td></td><td></td><td></td></tr>
<tr><td>認知</td><td>用閱讀的方式阻止自己陷入「如果」模式</td><td></td><td></td><td></td><td></td><td>雖然差點陷入「如果」模式，但是及時停止了</td><td></td></tr>
</table>

以遊戲成癮的男性為例

<table>
<tr><th>時間</th><th>/ ( )</th><th>/ ( )</th><th>/ ( )</th><th>/ ( )</th><th>/ ( )</th><th>/ ( )</th><th>/ ( )</th></tr>
<tr><td>0 點</td><td rowspan="2">網路遊戲</td><td rowspan="2">網路遊戲</td><td rowspan="2">網路遊戲</td><td rowspan="2">網路遊戲</td><td>網路遊戲</td><td>網路遊戲</td><td rowspan="2">網路遊戲</td></tr>
<tr><td>2 點</td><td>上網閒逛</td><td>上網閒逛</td></tr>
<tr><td>4 點</td><td>YouTube</td><td>上網閒逛</td><td>上網閒逛</td><td>上網閒逛</td><td rowspan="3">就寢</td><td rowspan="5">就寢</td><td>YouTube</td></tr>
<tr><td>6 點</td><td rowspan="4">就寢</td><td rowspan="3">就寢</td><td rowspan="4">就寢</td><td rowspan="4">就寢</td><td rowspan="4">就寢</td></tr>
<tr><td>8 點</td></tr>
<tr><td>10 點</td><td>午餐</td></tr>
<tr><td>12 點</td><td>午餐</td><td rowspan="2">便利商店</td></tr>
<tr><td>14 點</td><td>午餐</td><td>手機遊戲</td><td>午餐</td><td>午餐</td><td>午餐</td><td>午餐</td></tr>
<tr><td>16 點</td><td>看電視</td><td>看電視</td><td rowspan="2">看電視</td><td rowspan="2">書店</td><td>看電視</td><td>看電視</td><td>手機遊戲</td></tr>
<tr><td>18 點</td><td>晚餐</td><td>晚餐</td><td>晚餐</td><td></td><td>看電視</td></tr>
<tr><td>20 點</td><td>洗澡</td><td>看電視</td><td>晚餐</td><td>晚餐</td><td>洗澡</td><td>晚餐</td><td>晚餐</td></tr>
<tr><td>22 點</td><td>網路遊戲</td><td>網路遊戲</td><td>網路遊戲</td><td>網路遊戲</td><td>網路遊戲</td><td>網路遊戲</td><td></td></tr>
</table>

行為紀錄表 自我監控

時間	/（）	/（）	/（）	/（）	/（）	/（）	/（）
6 點							
8 點							
10 點							
12 點							
14 點							
16 點							
18 點							
20 點							
22 點							
24 點							
認知							

然而，當她開始寫記錄表之後，發現心裡只要出現「如果～」的念頭，就會開始特別在意那件事。接著，她想到用閱讀的方式來擺脫「如果」模式，讓自己能夠停止這種念頭。

行為紀錄表的第二個範例是遊戲成癮的男性。他的煩惱根源來自作息日夜顛倒和遊戲成癮，但是透過記錄，自己的生活規律變得一目了然，他也能夠客觀掌握作息。因此，他刻意安排白天的時候去便利商店或書店，努力提早就寢時間。

像這樣記錄自我行為、情緒、朝目標前進的經過，有助於培養客觀的觀察角度。

透過反覆客觀驗證，能夠得到各種發現，也能找到解決問題的方法。

行為記錄表帶來的發現

你想成為什麼樣的人呢？

現在有碰到什麼傷腦筋的事情或者煩惱嗎？

請回顧本書最一開始請你填寫的表格（14頁），然後每天填寫行為紀錄表吧。

個性認真的人，請不要太過要求自己，沒有把表格填滿也沒關係喔。

如果每天都很規律的話，跳過也無所謂，只挑有特別事件的日子記錄也可以喔。

不只記錄當天發生的事情和行為，可以的話請一併寫下當時的想法和感受。

有人在每天記錄自己的沮喪之後，發現心情和天氣、氣溫有關。很多人會在陰天或雨天覺得不舒服，也有人會在颱風前一天生病。如果連續幾天氣溫冷熱差異大，也會有人因此感覺身體沉重，無法順利過日常生活。以前認為「總覺得身體不舒服」、「是我的問題嗎」的人，自從寫行為記錄表之後，就開始能夠轉念：「今天是因為下雨所以覺得不舒服，並不是自己的問題。」

除此之外，也能夠採取應對措施：「天氣冷心情容易沮喪，那就早點打開暖氣，讓房間變溫暖吧。」

雖然剛開始並非刻意記錄，但是寫著寫著就會有各種發現，也能用自己的方式去解決問題。剛開始請不要太逞強，一步一步慢慢來。

我想應該也有人「不擅長寫這種紀錄表」。如果是這樣的人，不需要勉強自己。雖然心想「要記錄才行」，但是覺得麻煩而遲遲無法填寫紀錄表，如此一來寫行動紀錄表本身就會變成一種壓力來源。這種時候暫停填寫行為紀錄表也沒關係喔。

偶爾會有人因為「忘記填寫行為紀錄表」而沮喪，但是這樣就本末倒置了。認知行為治療法是為了讓你不再沮喪，但是在填寫行為記錄表這件事上就讓你感到沮喪的話，那就是賠了夫人又折兵。

自我監控的方法不僅限於填寫行為記錄表。在每天發生的事情或行為上有任何發現的時候，稍微在筆記上記錄也是很好的方法。

不需要過於認真，以免陷入「不得不做」的思考之中。

行為治療的基礎

這種自我監控的方式也能應用在孩子的行為治療上。

想改善孩子行為的時候，你可以試著和孩子一起製作自我監控表。

行為治療的基礎就是「稱讚」。當孩子的行為符合期望的時候，請盡量稱讚。當孩子的行為不符合期望的時候，不要斥責、糾正，默默地無視即可。如此一來，符合期望的行為會漸漸增加，而不符合期望的行為會漸漸消失。

自我監控表要簡潔明瞭地寫上符合期望的行為是什麼樣的行為，

做到的時候畫一朵花當作獎勵，沒做到的時候保留空白。不需要畫×。什麼都不寫，留下空白即可。

自我監控表

	月　日 ( )	月　日 ( )	月　日 ( )	月　日 ( )	月　日 ( )	月　日 ( )
沒有亂踢人	✿			✿	✿	✿
沒有說 「笨蛋」、 「白癡」		✿		✿		✿
有說 「對不起」	✿	✿	✿	✿	✿	✿

這裡介紹某位國小男童的案例。六年級的B同學是有自閉症類群障礙（Autism spectrum）的男孩。他一不高興就會大罵「笨蛋、白癡、去死」，也會踢媽媽和老師。媽媽和老師每次都會糾正他，但是狀況一直都沒有改善。

因此，我和B同學訂好規則，沒有踢人、沒有罵人的日子就畫一朵花，有說出「對不起」的日子也畫一朵花，每天都要回顧當天發生的事情。我之所以列出說「對不起」的項目，其實是有原因的。如果B同學踢人、罵人，只要能說「對不起」，至少可以畫一朵花。為了自我肯定感低的B同學，我希望他能多少獲得一點成就感。

結果非常有效。他持續三週之後，就完成一張畫滿花朵的監控表。

像這樣自我監控，可以實際感受到「我能控制自己的行為」，甚至有提升自我肯定感的效果。

以前一直被媽媽和老師糾正的B同學，自己審視自己的問題，為了獲得花朵而改變行為，結果帶來莫大的變化。我不希望大家把自我監控當成反省的材料。而是希望大家把自我監控當成讓自己產生「我做到了」、「下次也試試看」、「有新發現」等念頭的工具。

稱讚自己的家庭作業

容我介紹一個和自我監控相關的小故事。

當時我還是一個研究生。在神戶心理治療中心當實習生，學習臨床心理學。

那個時候的我，非常討厭自己。一發現自己有什麼不足的地方，就會告訴自己「我還不夠好」、「還差得很遠」，深信用這種方式激勵自己才是正道。

喜歡自己只會把自己慣壞，無法帶來成長，我覺得那樣很可恥。

當時神戶心理治療中心的老闆，對這樣的我出了一個功課。

在認知行為治療法中，有「家庭作業」這種在家裡實踐課題的方法。

我拿到的「家庭作業」就是自我監控。

如果可以的話，請你也一起試試看。

①晚上睡覺前回想當天發生的事情。
②找出當天自己努力過、做得很好的一件事情。
③發出聲音喊自己的名字並且稱讚自己。

範例：
「祐子，妳今天努力在很多人面前說話，好棒喔。妳做得很好。」

④如果步驟②想不到什麼適合的事件，那就稱讚自己「雖然發生很多事，但還是順利結束這一天，太好了」。
⑤持續一百天（約三個月）。

對於想學習臨床心理學而來這裡實習的我而言，老闆出的功課就是聖旨。因此，當天我就立刻開始執行「家庭作業」計畫。

然而，我根本沒辦法每天稱讚自己。每天晚上我都找不到能稱讚自己的事情，頂多只能想到「今天剛好碰到綠燈真是太好了」、「趕上電車真是太好了」或者是偶然遇到好事，覺得「今天有發生好事真棒，多虧某某先生出手幫忙」。

我一邊做家庭作業，一邊感到疑惑：

「做這種事，真的會讓人有自信嗎？」
「做這些事到底有什麼好處？」
「這不過就是單純的自我吹噓不是嗎？」
「稱讚自己，只會把自己慣壞。」
「慣壞自己怎麼可能會是好事。」
「反省與努力、不自滿的謙虛才是美德，稱讚自己實在可笑。」

我內心抱著這種想法，就這樣過了一百天。雖然心裡覺得可笑，但因為是老闆的指示，所以我只好勉為其難地繼續。

經過三個月左右，我發現自己身上出現了變化。

持續實踐「回顧整天發生的事情，每天發出聲音稱讚自己」的家庭作業之後，我真的改變了。

我變得不會因為一些小事就沮喪，也不再責怪自己。

「有時候也會發生這種事啊。」

「不要放在心上。」

「嗯，這也是沒辦法的事。」

我變得能夠放下。

當事情很順利的時候，我會坦率地表達喜悅：「太好了！」、「能夠做到真是太好了！」

還產生「我可以照自己的想法行動，沒問題的」這種毫無根據的自信。

只是每天稱讚自己，真的能讓自己變得有自信嗎？你一定也覺得很懷疑吧？說實話，我以前也這麼想。因此，我希望你就當作是被騙，試著實踐一次吧。你一定會因此變得喜歡自己，而且擁有自信。

加入「正念」的概念——專注在當下這個瞬間

「我為什麼說出那種話啊？」

「大家一定覺得我是毫無價值的人。」

「反正我做什麼都不會順利。」

焦躁、煩悶、無限循環。

一旦陷入負面漩渦，腦海中就會無限重複相同的想法，這些負面想法又會讓自己陷得更深……就像一座螺旋階梯一直往下走。

在回家的電車上，不斷回想自己白天的失敗，持續責備自己，完全沉陷在自己的想法之中，甚至不知道自己搭的電車過了幾站。你有過這樣的經驗嗎？

請想像一下牛吃牧草的樣子。

牛會先在口中咀嚼飼料，吞下去之後再度從胃裡吐出來咀嚼，然後一直重複這個過程。這種消化的方式稱為反芻。在認知行為治療法中，取牛反芻的行為，把一直在腦海中反覆思考同一件事的認知模式命名為「反芻」。人一旦開始「反芻」，就會持續責備自己，反駁自己的意見，結果只會讓情緒變得更加沮喪。

假設上司對你說：「那份文件弄錯了喔。」
在那之後，你可能會出現「怎麼會」、「怎麼可能」之類，單純屬於「嚇一跳」的反應。

然而，當你開始覺得：「竟然會犯這麼簡單的錯誤，我真的是很沒用」、「我在工作上給別人添麻煩了」、「上司一定覺得我很廢」。

出現這些想法之後，人就會越來越沮喪，然後開始不斷反芻相同的事情。最後很有可能會演變成「我活著也沒意義」，把自己逼到極限。

陷入這種負面螺旋的時候，到底該怎麼辦才好呢？

要擺脫負面思考的螺旋階梯，第一步就是要發現自己正在反芻。

然後請稱讚發現這一點的自己：「我做得很好。」接著，不要試圖消滅負面思考，就這樣放著。很不可思議的是，當你一直想著「快消失、快消失」的時候，反而會更在意，變得更難擺脫負面循環。

因此，即便出現負面思考，也不需要勉強抹除，放著不去理會即可。

何謂正念

所謂的正念，就是「專注於現在這個瞬間」。

一九七九年麻省理工學院的喬・卡巴金（Jon Kabat-Zinn）博士，為了改善壓力相關障礙、慢性疼痛、高血壓、頭痛等症狀，開發了「正念減壓法」。冥想原本源自佛教，博士藉由消除宗教色彩，讓全世界的人都能實踐這種方法。

我們的心經常在變動，總是來來去去不會一直停留在同一個地方。我們會想著未來的事或者回顧過去，經常處於「心不在焉」的狀態。

我常常在下班開車回家的路上，想著晚餐要做什麼。冰箱裡面還有什麼菜？為了趕上孩子補習的時間，要用什麼簡單的方式料理？不斷東想西想。我也會邊開車邊想著當天心理諮詢時面談過的人。

有時候甚至回過神來，才發現自己不記得或者沒仔細看，剛才經過紅綠燈的時候到底是亮綠燈還是紅燈。

我的身體的確在車裡，手握著方向盤，腳也踩著油門，但是心卻飄到過去或者未來，經常不在「當下」。

你有沒有類似的經驗呢？是否曾經在廚房攪拌著鍋子裡的燉菜，然後回想剛才和媽媽圈的朋友對話，反省：「剛才是不是說得太過分了？」、「我是不是太多嘴了？」完全忘記眼前的燉菜，腦海裡完全沒有手中的湯杓，只有手臂和手腕自動地攪拌著燉菜，思緒完全飄到其他地方。我想任誰都有過這種經驗。

人心就像飄盪在空中的雲一樣，輕飄飄地到處遊蕩。

我們雖然活在這個瞬間，但其實常常會想著過去或未來的事情，並沒有真正活在「當下」。

就像剛才提到的螺旋思考，我們會因為「當時為什麼會做那種事啊」之類過去的事情束縛，也會因為「如果變成那樣怎麼辦」這種對未來的不安，在不知不覺中耗費許多時間。

在東想西想的過程中，漸漸陷入負面思考，感覺自己的負面想像就是現實，導致自己更加沮喪、不安。也就是說，**是自己增加了不安和壓力的強度**。

假設剛開始只是覺得：「我今天的發言，會不會讓別人覺得我是個無能的人啊？」接著，在東想西想之後，漸漸變成確信：「大家一定趁我不在的時候說我的壞話。」像是在看電影一樣，腦中鮮明地想像上司和同事在會議室裡面說自己壞話的畫面。然後，浮現「接下來即便我在會議上發言，大家也只會嘲笑我，根本不會聽我的意見」這種拍板定案般的悲觀想法。

走到這一步，人就會完全忘記這些悲觀的畫面都是自己創造出來的想像。然後，當下自己捧著碗筷用餐都變成只是自動發生的動作，你根本不知道吃進嘴裡的料理到底是肉還是蔬菜，就這樣單純地咀嚼。

從這種「心不在焉」的狀態回到「當下」，並且專注於當下，這就是「正念」。

正念與認知行為治療法的差異

正念不會做認知行為治療法中的「認知修正」。

即便心中出現悲傷、憤怒、不安、緊張、抑鬱等情緒，也不會勉強抹除這些情緒。即便腦海中縈繞責備自己或者想攻擊對方的想法，也不會試圖改變想法本身。只是單純體會這個瞬間感受到的東西，知道自己心中覺得：「啊，我現在希望那個人能理解我，但他就是不懂，讓我覺得不甘心、傷心又憤怒。」然後就這樣放著不去管。

不繼續往下挖掘悲觀的思考，把這些想法當成河川上漂流的一片樹葉，任它在河裡漂流。

如果被憤怒、不安、悲傷、痛苦等情緒的浪濤淹沒，就會迷失自己，最後落入瀑布之中。

正念是一種退一步從客觀角度觀察自我情緒的方法。就像看著漂流於河面上的樹

葉一樣，只是客觀觀察「我現在很不安」、「我現在很沮喪」，但是不做任何修正。

如同在岸邊看著河面上的樹葉，看著情緒飄過。

這麼做的目的並不是讓自己「沒有任何感覺」，也不是要讓自己不生氣、不悲傷、完全沒有任何情緒。只是不要讓自己繼續沉浸在那些情緒之中而已。

我們平時就會在不知不覺中思考各種事情。「如果接下來～的話」或者「當時要是～就好了」，人心總是來來去去，一下飛到過去一下飛到未來，非常忙碌。而且，在螺旋思考之下，人會被自己的情緒淹沒，讓自己痛苦不已。

不過沒關係，不是只有你的心會來來去去。我的心也經常到處飄蕩，不知道跑去哪裡。

心本來就是不會停留在一處的東西，所以這是理所當然的事。因此，專注在「當下」指的是即便我們的心一下飛到過去一下飛到未來，也不需要指責、批判自己。**你只要觀察心靈的狀態，觀察「我現在在哪裡」即可**。

不過，你可能會疑惑，自己的心靈狀態到底要怎麼觀察呢？

「doing」和「being」的差異

我們無論對任何事，往往都會被「吃飯」、「工作」、「聊天」等「做某事」的行為束縛。「做某事」的英文就是「doing」，而評價的基準往往會聚焦在行為上。

另一方面，正念注重的是「being」，也就是「存在」、「現在是～」等狀態。也就是說，比起「行為」更注重「狀態」。

譬如說，在等待面試的時候，經常會因為緊張的關係無法冷靜，對吧？這種時候，屬於「doing 模式」的人會「深呼吸」或者「閱讀」面試聖經、自言自語「練習」自我介紹，採取各種「行動」。試圖透過「做某事」來解決問題。

另一方面，處於「being 模式」的人會觀察自己當下這個瞬間的「狀態」，客觀看待不安或緊張的狀態。「快要輪到我面試了，不知道會不會順利過關，越來越緊張了呢……呼吸狀況怎麼樣呢？變得又淺又急耶。心臟呢？像警鈴響一樣心跳很快……

原來應該像這樣感受情緒啊！
憤怒
痛苦
悲傷
不安

手腳呢?出了很多汗,而且很緊繃啊……。」像這樣,仔細觀察腦中的想法以及身體的變化。

然而,並不會試圖改變當下的狀態,也不會嘗試「放鬆看看」或批判自己「不能緊張」。

正念冥想

正念的做法就是**觀察自己原本的狀態**。

話雖如此,應該有人會覺得這個解釋太模糊,聽不太懂。請容我再稍微具體地解釋該怎麼觀察。

我們即便沒有刻意去想也會呼吸。人類可以好幾天不睡覺、不吃飯也能活著,但是不呼吸就會死。讓我們把注意力轉向平時從來沒有刻意關心的呼吸吧。

這就是正念冥想。請你也一起試試看。

首先，請先把意識放在你的呼吸上。
氣息穿過你的鼻子，專注在鼻尖上。
每次呼吸的時候，都去感受空氣從鼻尖進出，並摩擦鼻孔的狀態。
接著，請把注意力放在空氣進出並穿過鼻孔的感受。
有感受到空氣的冰涼嗎？還是覺得溫暖呢？
接下來我們來感受一下肩膀的狀態。
肩膀是怎麼活動的呢？是不是隨著呼吸上下移動呢？
腹部怎麼樣呢？每次呼吸的時候，腹部會跟著膨脹或凹陷嗎？
除此之外也請仔細觀察胸口的活動。
肋骨會張開或收縮，橫膈膜提起或下降，整個胸口都會跟著上下移動。
現在請你再次專注在進出自己身體的呼吸上。
每次呼吸的時候，空氣都會從鼻孔經過鼻腔、氣管，來到肺部。
請好好感受空氣充滿整個肺部深處，每一顆肺泡膨脹收縮的狀態。

沒錯。我們每次呼吸的時候，整個身體都會有節奏地膨脹收縮、上下移動……請再度仔細地品味平時下意識進行的呼吸。

正念冥想，就是察覺當下這個瞬間正在呼吸的冥想法。把意識放在呼吸上，或許會在不知不覺中想事情、分心，但是即便如此也不要判斷好壞、對錯，發現自己的思緒氾濫時，請不要責備自己，只要再次專注呼吸即可。

「做這種事到底有什麼好處？」
「對了，那個人好像有說過這種話……」
「聽得到遠處傳來的車聲。」
「咦，好像要下雨了耶，我有帶傘嗎？」

即便在正念冥想的途中，也會像這樣冒出各種念頭。這些念頭會像天空中的浮雲一樣，一下出現一下消失。**因為心經常在移動，所以腦海中會浮現各種念頭很正常。**

因此，如果在不知不覺中開始想事情，只要安撫自己「有發現在想事情就已經很好了」，然後靜靜地回到呼吸上即可。

言歸正傳，剛才正在等待面試的你，**在正念冥想之後，心情有沒有變得平靜、心跳也比較穩定了呢？**

正念冥想光看說明可能有點難以理解。為了這樣的人，我準備了影片，請務必點開來看一看。

正念冥想

身體掃描

接著要介紹的是正念的「專注當下」練習——「身體掃描」。尤其對與身體對話、修復身體與心靈的連結特別有效。

透過身體掃描，會比較容易發現肌肉與心靈的緊張，也能盡早發現平常會忽略的身心失調症狀。

「身體掃描」需要把意識集中在身體的一個部分。就像用探照燈照亮身體各部位一樣，依序觀察身體的狀態。

首先，請你先慢慢躺下。

然後，觀照你的左腳腳尖。如果穿著襪子，或許會注意到襪子布料的觸感，也可能會感覺到室內空氣

身體掃描

的溫度，但也可能什麼感覺都沒有……什麼感覺都沒有也無所謂。這種時候只要知道自己「什麼感覺都沒有」即可。

確認果左腳腳尖之後，接下來請感受一下整個左腳的腳底。足弓的部分感覺如何？腳跟有碰到地板嗎？

你可能會感受到地毯、榻榻米、木地板等地板的材質。

如果是在外出的場合做身體掃描，可能很難躺下。這種時候也可以坐著掃描喔。穿著鞋子的話，腳在鞋子裡面會有一些部分觸碰到鞋子，也有一些部分不會碰到鞋子，對吧？你也有可能會感受到濕氣。

平常根本不會注意到的東西，只要專注在一個部位，就有可能會有各種發現。

接著，請沿著左腳的足部來到腳踝、小腿後側、小腿前側、膝蓋、大腿，就像用心靈探照燈一樣緩慢而仔細地觀察身體。

腳踝有離開地板嗎？小腿後側是緊繃還是放鬆？小腿前側、膝蓋有沒有在用力？

穿著長褲的話，可以感受與布料之間的接觸面。如果穿著短褲露出皮膚，也可以去感受屋內空氣的循環、空氣撫過皮膚的狀態。

確認到大腿、大腿根部之後，意識就可以轉到右腳的足部，像左腳那樣，緩慢而仔細地感受腿的每個部位，一邊確認一邊專注呼吸。

請好好感受從鼻腔吸進來的氣息，充滿你正在專注觀察的部位，然後又回到鼻腔吐氣。

身體掃描也是正念的做法之一，所以途中也有可能突然冒出念頭或分心。這種時候只要告訴自己，人心本來就會來來去去，不需要責備自己，帶著溫柔的心再度把注意力回到身體的一個部位即可。

我在做身體掃描的時候，有時會突然陷入夢鄉。原本在想事情，但不知不覺突然浮現毫無關聯的事，我就會發現自己已經快要進入夢境了。雖然我覺得意識離開身體很久，但其實可能只過了幾秒鐘。短短幾秒鐘就可以浮現這麼多念頭，反而讓我對心的浮動再次感到震驚。**即便意識像這樣去到別的地方，當你發現意識遠離，只要把意識帶回你剛才專注觀察的身體部位即可。**

掃描到右腿的大腿根部之後，請把意識集中在骨盆上。

你或許會感受到臀部和地板的接觸面、溫度，如果坐著的話，可能會透過臀部感受到椅子的材質或硬度。

骨盆之後是脊椎。脊椎是像積木一樣組合一塊塊的骨頭，支撐著身體。請專注在你的每一節脊椎骨上。

背部會有一些部分著地，也有一些部分懸空，請去感受地板的冰冷或溫暖。

肩胛骨感覺怎麼樣？你或許因為緊張而用力，左右兩邊不太平衡也說不定。

你也有可能把注意力放在背上，背部的肌肉就隨之抖動。

這種時候也不需要著急，只要知道「現在背部右側正在抖動」，然後把意識帶回背部即可。

你應該已經感受到身心是連結在一起的，對吧？

很好。接下來是腹部。

請把意識集中在肚臍下方，觀察每次呼吸的時候，腹部的膨脹和凹陷。你可能會聽到肚子傳來咕嚕咕嚕的聲音，也可能會有人感覺到腸子的蠕動。

腹部之後是胸部。每次吸氣的時候，橫膈膜會下降，肋骨往上擴張。吐氣的時候，橫膈膜會往上提，肋骨收縮胸口往下沉。

好好觀察心臟有節奏的脈動。心跳的速度可能會比你想像得快或慢，不過這沒有標準答案。你只需要觀察每個瞬間身體的狀態。

接著，請把注意力轉到左手的指尖。沿著左手的每一根手指、關節、手指和手掌的感受、手背的感受，手腕、小手臂、手肘、上手臂、肩膀，緩緩地像用探照燈照射一樣，仔細觀察。接著，右手也一樣按照順序專注觀察。

感受肩膀、脖子在每次呼吸的時候跟著上下移動，氣管中空氣來來去去的狀態。

就算緊繃也沒關係。不要賦予好壞、對錯的價值判斷，緊繃的時候就接受當下的緊繃吧。

接下來是臉部。依序把意識帶到下巴、口腔、臉頰、鼻子。

口腔裡的牙齒有咬在一起嗎？還是沒有咬在一起，上下分開呢？

你有可能會在不知不覺中咬緊牙根。舌頭的狀態如何？

請仔細觀察，感受呼吸在鼻孔前端的進出，還有與空氣之間微微的觸感。同時一併確認呼吸通過鼻孔的狀態。

有時候你會意外地發現，一邊鼻孔塞住，只有另一邊的鼻孔有空氣進出。

接著，請把意識移到眼睛深處的空間。

每次呼吸，都感覺空氣來到這個空間裡循環，然後回到鼻腔中。

最後是頭部。請專注在頭蓋骨的感受、後腦杓接觸地板的感覺、頭部表面有沒有用力，把意識放在頭部的中心。

當意識來到頭頂的時候，請一邊感受全身的律動一邊觀察自己呼吸的狀態，然後在自己覺得適合的時間結束。

突然起身的話會導致頭暈，所以請先緊握手掌再打開來，大大地伸個懶腰，然後把身體倒向一側，用手掌撐地慢慢起身。

我也很推薦透過身體狀況感受到壓力的人做身體掃描。因為強烈的壓力，導致自律神經系統失衡的話，身體的某些部位會出現不自主運動的狀況。如果對這種身體症狀很在意，就會越來越不安，很多人是晚上不著覺，或者是很早就醒了。有這些症狀的人，我很推薦做「身體掃描」。

在棉被裡想著「會不會又出現症狀」，自己按下不安的開關之後，就真的會開始頭痛、背痛，出現各種症狀。然後浮現「這種病會不會一輩子都治不好」之類讓自己更加不安的念頭，腦袋裡充滿絕望與不安。

這種時候，請用「身體掃描」來擺脫腦海裡盤旋不去的思考。

一直想著要消滅某個念頭，反而會讓念頭束縛自己，導致無法脫離自我想法的漩渦。因此，不要想著消滅念頭，而是把意識集中在身體的其中一個部位，確認自己現在的身體狀態，自然而然就能遠離誘發不安的想法喔。

當你在做「身體掃描」的時候，**副交感神經會漸漸佔優勢，身體的症狀也會變得和緩，身心都會變得輕鬆**。

即便是身體沒有異樣的人，做了「身體掃描」之後，也會發現某些部位意外地用力，或者左右兩邊的有明顯差異。

雖然是自己的身體，但是平常很少有機會能仔細觀察。請仔細地逐一觀察身體的每個部位，去體會每個瞬間湧現的感受和情緒吧。你一定會有所發現。

正念飲食

正念指的是「專注當下」的思考方法，無論何時何地都能夠實踐。不需要特別的瑜珈墊或椅子。而且，也不是只有冥想才算正念。譬如「用正念的方式飲食」，只要專注在「吃」這件事即可。這裡我再稍微介紹一下「正念飲食」。

假設你在吃飯的時候，用手拿起杯子。那是玻璃杯嗎？還是陶製的馬克杯？觸感怎麼樣？可能很冰，也可能很溫暖。表面很光滑嗎？還是很粗糙呢？拿起來的重量感如何？

拿起杯子的時候，手臂的肌肉、手肘、手腕的角度，還有杯子要傾斜到什麼角度才能喝到杯子裡的茶或咖啡呢？杯子裡飄來的香氣、蒸氣的溫度、液體緩緩流入口腔的感覺。咕嘟喝下一口的吞嚥聲。每件事情都仔細確認。

如果是用餐，就先拿起筷子，仔細觀察觸感。捧著碗的時候，感受到的溫度、重量。緩緩捧起碗的時候，手臂的肌肉、手肘、手腕的感受，用筷子取適量的飯送進嘴裡。飯放到舌尖上的瞬間，口腔分泌唾液，米飯的甜味、鮮味在嘴裡擴散。先不要咀嚼，而是緩緩地咬合之後，觀察味道的擴散。咀嚼數次之後，請試著吞嚥。感受米飯經過咽喉，進入胃部的感覺。你可以想想看這些米在哪裡採收，如何包裝、運送，陳列在店面然後來到家裡。可能有人會想起「以前奶奶曾經做飯糰給我吃」之類的重要回憶。接受腦海裡浮現的各種記憶和情緒，然後再回到觀察咀嚼狀態的模式。

回到現在這個當下，你一定會發現自己已經擺脫螺旋思考了。

正念步行

「用正念的方式走路」也一樣。「正念步行」就是帶著正念走路的活動。你應該漸漸了解正念的實踐方法了吧？

那就一起試試看吧。

首先，請用雙腳紮實地踩在大地上。腳底的感覺如何？身體的重心怎麼樣？請仔細觀察。接著，請緩緩踏出右腳，往前跨一步。為了抬起右腳，重心就必須先轉移到左腳。

抬起右腳往前跨，緩緩地讓腳跟接觸地面。接著，把原本放在左腳的重心轉移到右腳。轉移重心的時候，整個右腳會完全踩在地上。

如此一來，左腳的腳跟就會離地對吧。一邊感受左腳腳底離開地面的感覺，然後把重心移到右腳。

原本殘留在左腳腳尖的重心完全移到右腳之後，左腳就會離地。

左腳緩慢地往前跨，在左腳腳跟接觸地面的同時，原本完全在右腳的重心移往左腳，右腳的腳跟隨之離地。

就像這樣緩慢地一邊轉播自己的狀態，一邊帶著「正念」走路。

如果每天都有慢跑或健走習慣的人，務必嘗試用「正念」的方式慢跑或健走。

在草地上走路的時候，鞋底的感覺如何？擦過臉頰的風觸感如何？陽光從哪裡照過來？城鎮上的景色如何？能不能聽見遠方的鳥鳴聲？你有什麼感覺？

你將會一邊觀察「當下」一邊體會。

有很多人會一邊跑步一邊想事情。跑步的時候，心裡想著「那個時候在那裡發生的事」或者「接下來會怎麼樣」，心一下子在過去，一下子又跑去未來，就會脫離「專注當下」的狀態，身體只是自動地擺動手臂和雙腿。

把正念帶入生活

如果你一旦開始想事情，就會在不知不覺中陷入螺旋思考，讓自己變得不安、沮喪，那就一定要嘗試在生活中帶入正念。

手握方向盤的時候，腦袋裡不斷想著「為什麼只有我這麼慘」、「根本就不會有人在意我」的你；在廚房攪拌燉菜的時候，一直想著「今天在家長會上是不是說太多了」的你。請試著專注在當下正在做的事情吧。

握著方向盤的手有什麼感覺？方向盤的材質如何？握方向盤的力道怎麼樣？紅燈

的時候，眼前的路人如何過馬路？踩剎車的時候，腳踝的角度如何？有沒有聽到行人專用號誌的音樂或路邊店面播放的音樂呢？現在的自己有什麼感覺？仔細觀察當下的自己，就能夠擺脫剛才那些盤旋不去的想法喔。

攪拌燉菜的時候也一樣。正在攪拌的燉菜，黏稠的質感、香氣、蒸氣、溫度，仔細感受並專心地攪拌，以免鍋面燒焦。

這種正念冥想，不需要坐著也能實踐。並不是坐在椅子上專注呼吸才是正念冥想喔。無論何時何地，不對現在的自己做「好壞」、「對錯」的價值判斷也不批評，就這樣觀察並接受。這就是正念。

接受原本的自己

你覺得緊張或丟臉的時候，是不是會臉紅呢？

我高中的時候，在社團活動時間鍛鍊肌肉，結果不小心在學長面前放屁了。學長幫我壓著腿，我趴著然後上半身拉背離地。這個時候因為用力過猛，所以我「噗」地一聲放屁了。

那個時候的我，不只是臉紅而已。身體裡面就像有一把火燒起來一樣，覺得丟臉透頂。

鍛鍊肌肉的時候大家都會喊出聲音，所以我不知道學長到底有沒有聽到我放屁。我也完全不知道到底有沒有味道。所幸，學長看起來像什麼都沒發生一樣。

在那之後經過幾十年，我至今仍然不知道學長到底有沒有發現，或者是他假裝沒發現。

本書也介紹過交感神經的功能，「丟臉」的狀況在現代社會中是堪比遇到猛瑪象的人生大危機。

人緊張的時候，心臟會跳得很快。高中時期的我，不是感覺到心跳快，而是瞬間彷彿血液沸騰。當然，我也是滿臉通紅。因為心跳加快，所以導致臉部皮膚下方的微血管流入大量血液。

覺得緊張、丟臉的時候臉會變紅，這是每個人都會出現、理所當然的反應。

坦然接受「臉紅症」

「容易緊張」、有「臉紅症」的人會在意別人是否因為自己臉紅，而發現自己的緊張或害羞。因為太在意臉紅這件事，所以更難以面對人群，也放大了緊張感，導致出現相關症狀。

某次，一名皮膚白皙的年輕粉領族來諮詢。我就暫且稱呼她為Y小姐吧。

Y小姐在幾年前還是學生的時候，曾經被嘲笑「妳臉好紅喔」，因此罹患了「臉紅症」。之後，她就一直避開要出現在人群面前的場合。看到同事在會議上發表的樣子，雖然會擔心同事可能會搶走升遷的機會，但是又覺得自己沒辦法在人前說話而放棄。就連聊天對她來說都很困難。因為她在聊天的時候，會在意自己是不是臉紅，所以無法集中精神對話。結果，她選擇盡可能地低調，不加入人群之中，經常戴著口罩，總是在角落默默當個隱形人。

然而，Y小姐原本的個性很活潑又健談。她完全失去自己原本的樣貌，在公司午休時間也不會待在休息室，而是自己一個人到外面的咖啡廳吃午餐。

在心理治療面談時，她也一邊說話一邊問：「我現在是不是臉紅了？」的確，一談到以前的事情或緊張的場面，她會瞬間臉紅。但是真的只有一瞬間。突然一下子臉紅，一秒之後又恢復原來的樣子。

我對Y小姐如實描述自己看到的狀況。「雖然有一瞬間臉紅，但是現在已經回到原本的樣子了喔。臉紅的時間大概只有一秒吧。」接著，我告訴她，狀況並沒有像她想得那樣，嚴重到周圍的人都會發現。

除此之外，也說明「擔心自己是不是臉紅了」這種預期性焦慮反而會引發症狀，「覺得被對方發現自己的不安很丟臉」的想法會讓症狀更加惡化。

我告訴她，臉紅的時候可以用正念的方式，**接受「我現在臉紅了」這件事，然後**

專注在自己的呼吸上。

剛開始的時候，她還是一直為症狀所苦，但是後來漸漸變成「雖然稍微臉紅了一下，但總算蒙混過關了」。

某天，Y小姐告訴我，她在聚餐的時候因為喝酒而臉紅，有人對她說：「妳只喝一點酒就臉紅，真可愛。」如果是以前的她，就會覺得「自己臉紅被看穿了」，然後臉變得更紅。然而，這個時候的Y小姐回答對方：「我皮膚白，所以臉紅的時候就會很明顯啊。」

自從那天之後，她越來越能把自己的症狀告訴感情好的朋友。每個朋友都很溫暖、友善地接納她。

她透過公開自己的症狀，減輕「害怕被發現」的不安。

另外，藉由帶入正念的觀念，讓她發現「臉紅只是單純的狀態，不需要判斷好壞」、「認為臉紅很丟臉、不像話的只有自己」。

某次，Y小姐自己告訴我：「與其說是因為臉紅的狀態而不安，不如說是我一直在意『是不是臉紅了？』因此戰戰兢兢，這才是我的問題」、「以後我要大大方方地過日子」、「不再戰戰兢兢，而是用開心、積極的態度輕鬆生活」。

後來，上司問她要不要試著報告截至目前的工作內容，讓她有機會在人群面前發表演說。

臉紅的狀態並沒有消失，但是Y小姐已經可以拿下口罩生活了。即便臉紅，也會在大方的態度下，回到原本的樣子。不再因為「要是臉紅怎麼辦」而感到不安。

她發現，與其一天到晚擔心「自己是不是臉紅」，不如轉念認為「臉紅也沒關係」，正面積極地過生活比較輕鬆。

正念的思考方式就是「專注當下」、「發現並接受原本的狀態」。

Y小姐發現，比起「臉紅」這個事實，擔心「自己是不是臉紅」的情緒更加限制自我。**問題不在於「臉紅」，而是在自己太過在意這件事的「想法」**。

用正念觀察臉紅的狀態，接受原本的樣貌，結果讓她臉紅的頻率減少。而且她變得能把意識放在積極又大方的態度上，也能在人前演講，出現行為上的轉變。

後記 任何人都有機會「改變生活方式」

認知行為治療法是發現並改變自我思考方式與行為習慣的心理療法。

你也能透過客觀掌握、發現自己，一點一點地改變，進而邂逅一個全新的自我。

「無論接受多少認知行為治療，結果都沒有改變。」

「雖然一瞬間有改變想法，但是很快又恢復了。」

或許有些人會這麼想，但那是因為「反正不管做什麼自己都不會改變」的強烈刻板印象所造成的結果。

人生觀、價值觀、長期以來在你人生中培養的「理所當然」、「正常概念」，就是所謂的「認知基模」。

改變「認知基模」，你的人生也會大幅轉變。

雖然無法一口氣全部改變，但是當你發現自己的人生觀、價值觀、「對我來說理所當然、堅信不移」的信念之後，**生活方式就會漸漸開始產生變化**。

原本一直認為「自己內向又害羞」的人，其實機智又幽默，只要慢慢改變思考方式和行為，就能輕鬆地表現自我。你完全不需要蓋棺論定「我就是這種人」。任何人都能「變成自己想要的樣子」。只要放下「反正我就是沒辦法」、「我不可能改變」的想法，任何人都能做到。

反之，認為「必須表現自己才行」、「必須做到完美才行」之類不懂變通的人，只要轉念認為「做自己就好了」、「失敗又不會死，反而能學到很好的經驗，這樣想就對了」，一定能活得更輕鬆。**任何人都有機會「改變生活方式」**。

成為一個全新的自己。

變成自己想要的樣子。

允許自己「可以採取和以往不同的思考方式和行為」。

相信自己的可能性，告訴自己「說不定可以改變」、「一定能改變」。

要放棄以前的生活方式，的確需要勇氣。

雖然無法自由自在很困擾，但是全新的自我是什麼樣的自我令人無法想像，所以也有人覺得改變自己是一件令人不安到極點的事情。

因為無法保證一定沒事，所以會害怕。

因為沒辦法斷言絕對會順利，所以儘管覺得很困擾，但還是會有人認為過去熟悉的自己比較安心。

沒錯。轉變成全新的自己，任誰都會覺得有點害怕。

這個時候，我會在你身邊，輕輕地推你一把。

「全新的自己，到底會變成什麼樣子啊？」

在這個過程中你可能會覺得很不安，就像從懸崖被推落一樣，雙腳離開地面、頭下腳上地往下墜。

不過，請下定決心踏出第一步。

踏出那一步之後，必定迎來嶄新的世界。然後，你眼前必然會充滿全新的景色。

能改變你的，只有你自己。

由衷祝福你，成功變成「自己想要的樣子」。

謝辭

本書的發行要感謝武庫川女子大學名譽教授白石大介老師，仔細閱讀本書原稿，還提供充滿智慧的建議。我由衷感謝。

「出書吧！」

因為有這句話的支持，這本書才化為現實。非常感謝Erinserve的企業養成經理增田真人先生。

最後，誠摯感謝創元社的渡邊明美女士、橋本隆雄先生，透過企劃會議，在拙劣的原稿中加入美好的架構與編排。

參考文獻

•《行動療法事典》山上敏子監譯，岩崎學術出版，1987年。
（『行動療法事典』山上敏子監訳、岩崎学術出版社、1987年。）

•《解憂正念法》馬克・威廉斯等共著，星河書店，2012年。
（『うつのためのマインドフルネス実践』マーク・ウィリアムズほか著、星和書店、2012年。）

高寶書版集團
gobooks.com.tw

HD 143
讓自己更快樂的情緒課：用認知行為療法更認識自己，擺脫恐慌、憂鬱、社交恐懼症和強迫症，讓心靈清爽愉快的自我練習
認知行動療法で「なりたい自分」になる：スッキリマインドのためのセルフケアワーク

作　　者　高井祐子
譯　　者　涂紋凰
主　　編　吳珮旻
編　　輯　鄭淇丰
封面設計　林政嘉
內頁排版　賴姵均
企　　劃　何嘉雯
版　　權　張莎凌

發 行 人　朱凱蕾
出　　版　英屬維京群島商高寶國際有限公司台灣分公司
　　　　　Global Group Holdings, Ltd.
地　　址　台北市內湖區洲子街 88 號 3 樓
網　　址　gobooks.com.tw
電　　話　（02）27992788
電　　郵　readers@gobooks.com.tw（讀者服務部）
傳　　真　出版部（02）27990909　行銷部（02）27993088
郵政劃撥　19394552
戶　　名　英屬維京群島商高寶國際有限公司台灣分公司
發　　行　英屬維京群島商高寶國際有限公司台灣分公司
初版日期　2022 年 09 月

國家圖書館出版品預行編目（CIP）資料

讓自己更快樂的情緒課：用認知行為療法更認識自己，擺脫恐慌、憂鬱、社交恐懼症和強迫症，讓心靈清爽愉快的自我練習 / 高井祐子著；涂紋凰譯．-- 初版．-- 臺北市：英屬維京群島商高寶國際有限公司臺灣分公司，2022.09
　面；　公分．--（HD 143）

譯自：認知行動療法で「なりたい自分」になる：スッキリマインドのためのセルフケアワーク

ISBN 978-986-506-508-9（平裝）

1.CST: 認知治療法　2.CST: 心理治療

178.8　　111012426